一流企業で続々活躍、
早稲田超人気・森川ゼミの

入社3年目までに絶対に知っておきたいこと

森川友義

Discover
ディスカヴァー

はじめに

この本は、一度しかない自分の人生を、絶対に満足して送りたいという人に向けて書いた本です。仕事という場で自己実現をなし、社会に付加価値をもたらしていくために、20代で身につけておくべきことを説いた本です。

早稲田大学における私のゼミでは、毎年15人程度のゼミ生を受け入れています。ゼミ生たちはみな、テレビ局の総合職やアナウンサー、大手広告代理店等のマスコミ業界、総合商社、外資系企業、大手IT企業などの「就職偏差値」の最上位にくる企業に就職したり、著名な大学院に進学したりしています。

このような彼ら彼女らに対して、日ごろからゼミで伝えてきたのが、学生という身分を脱し、一人のビジネスパーソンとなったときから求められる基本的な「力」を身につけることの重要性です。

この力とは、表層的な仕事上のスキルや知識というわけではありません。

講義ではまず、自らの判断と責任で下す「意思決定」により、仕事もプライベートも、つまりは人生が形作られていくという事実、さらには「生き甲斐」とも言える仕事における本質的な目的を設定することが、ビジネスパーソンとして「納得した人生」を生きることにつながるということを、理解してもらいます。そのうえで、ビジネスパーソンとして必要とされる力とは何かということを、ひも解いていくのです。

それを詳細にまとめたのが本書です。

読者の対象は、若者すべてというわけではありません。就職活動を終えて、首尾よく内定を獲得した大学生や、新卒や転職で会社に入ってから3年ほどの新入社員、年齢で言うと21～28歳くらいの人でしょうか。勤務する会社の大小は問いません。男女も問いません。小さなベンチャー企業でも、従業員1万人を超える大企業に勤務する人でも当てはまります。将来、勤務する会社だけでなく、日本全体に影響を与える人たちに向けて書いているということです。

もうひとつの前提条件は、「成長したいと思っている」という点です。成長したいという向上心を持っている人のためにこの本があります。向上心があったとしても、とかくこの世は不確定なもので、必ずしも成功に結びつかないものですが、この本がその手助けになります。

成功する、つまり目標を見つけてそれを達成するためには、それなりの投資をしてリターンを求めなければなりません。人生において、自分の成長意欲を成功に結びつけるためには、自己投資をしなければなりません。これからの人生のしかるべきタイミングに、お金と時間と労力を使って、一段上を目指すということになり、そのタイミングにおいても、つねに「意思決定」が迫られます。

では、できるだけ正しい選択をするには、どうしたらいいのか？

その助けとなる判断材料を、これから5章にわたって具体的に説明していきます。

プロローグと第1章では、意思決定の難しさと「目的・目標を持つ」ことの重要性を強調しています。これは、第2〜5章で説明する内容の土台となるものです。人生において失敗を選ぶのは簡単ですが、成功を選ぶというのは難しいものです。とくに目的がない人生では、必ずつまずいてしまう。当然ですね。向上心とは上に向かうものですが、その上がどこにあるのかを知らないと迷ってしまいます。

第2章では、若手ビジネスパーソンが必ず理解しておきたい仕事および会社におけるルールを述べています。これらは、会社の上司や先輩などが、あえて時間をもうけて親切に教えてくれるというものではありません。言ってみれば、「誰も教えてはくれないけれど、知らないとビジネス社会から外れる恐れがある暗黙のルール」です。もしあなたがまだ大学生であれば、これらを知っておくだけで入社後にかなり有利なスタートダッシュを切ることができるはずです。

第3章では、日本という国の将来の姿を考察します。グローバル化によって世界からの影響を多大に受ける時代となりましたが、この前提で考えると、日本が向かっている方向性が見えてきます。それを踏まえ、マクロの視点から時代の流れを先取りして、効率よく生きるための指針を伝えていきます。

第4章は、若手ビジネスパーソンであるあなたが、仕事で実際に成果を出し、飛躍的に成長するために実践すべきルールについて説明します。会社員である以上、どの企業でも求められる資質というものがあります。幼稚園、小学校、中学校、高校、大学と5つのインプット教育を受けてきたにしても、ビジネスパーソンとして求められる資質は、おそらく誰にも教えられてこなかったでしょう。ですから、社会のルールに戸惑いつつ、試行錯誤しているはずです。

最後に、第5章は「秘密の補講」として、将来の日本を担う人になるための心得を解説します。将来の日本を指導していく人にふさわしい生き方を学んでもらい、将来に役立ててほしいと願っています。

この本が、あなたの素敵な人生への一助になりますよう。

しっかり学んで実践してください。

２０１８年３月１日　早稲田大学にて

森川　友義

目次

第2章 ビジネスパーソンとしての心得

第3章 社会人に必要なマクロの知識と視点

第4章

社会人3年目までに身につけておきたいプロフェッショナルの視点

第5章

秘密の補講 ワンランク上を目指す人のために

プロローグ

いくつもの「意思決定」が私たちの人生を決めている

この本において最初に知ってもらいたい言葉は「意思決定」です。

ビジネスパーソンとして会社で仕事をしている以上、成功も失敗も最終的には自分がすべてを決めているという事実、成功も失敗も、自分の選択の「結果」として正直に向き合わなければならないというお話をします。

生きることは「意思決定」の連続である

私たちは毎日、さまざまな意思決定を行っています。「意思決定」という仰々しい言葉を使っていますが、いつトイレに行くとか、何を夕ご飯のおかずにするとか、帰宅してどのテレビ番組を観ようかといった日常的なものも意思決定の範疇ですし、大学卒業後どの会社に勤めるのか、会社からどのくらいの距離にあるいくらの家賃のアパートに住むのか、誰と結婚するのか、老後は何をして過ごすのかといったことを決めるのも意思決定のなかに含まれます。

とにかく毎日、自分の意思によって、行動を選択しているのです。

でも、この意思決定、難しい場面が多々あります。お昼ご飯を何にしようかということでも、たいへん迷うのですから、人生をかけた大きな意思決定はとくに難しいものです。

たとえば、人生の最大の分岐点は、

❶ どの大学に行くのか?
❷ どの会社に勤めるのか?
❸ 誰と結婚するのか?

の3つです。

どの大学を受けるのか(第一志望に不合格になったときに浪人するかどうか)、どの会社に就職するのか（それほど行きたいとも思わない会社にのみ内定が出たときはどうするのか）、誰と結婚するのか（猛烈に好きではないけれど、自分のことを好きでいてくれている人と結婚すべきか）は重要な意思決定となります。

これらがたいへん重要であることは、これからの人生で、

「大学はどちらへ？」
「お勤めはどちらですか？」
「ご結婚は？」

というふうに何度となく繰り返し訊かれる質問であることからも理解できます。こういう価値観は古いと思われるかもしれませんが、現実として、何度も聞かれます。覚悟してください。

１つ目の分岐点である大学受験はとうの昔に過ぎ去りました。その大学に入学し、卒業したことに後悔はありませんか？　もし自分が最高と思った大学に合格したのならば後悔はないでしょうが、もしかしたら、さらに偏差値が上の大学を受験すれば合格できたと思っていたりしませんか？

２つ目の分岐点である就職活動も同じです。履歴書のなかで何をアピールするのか、エントリーシートに何を書くかといった基本的なことから、面接でどんなことをしゃべるのかに至るまで、一つひとつが「意思決定」と考えることができます。その結果として、内定が出たり出なかったり……。

三大分岐点の最後は「結婚」です。ほとんどの読者は、結婚はまだでしょう。現在の平均初婚年齢は男性が31歳、女性が30歳ですからね。誰を好きになり、誰と結婚をするのかは重要な意思決定です。

ときには不完全情報下でも意思決定をしなければならない

就職当時、一番人気の銀行に就職したつもりが、途中で他行との合併で冷や飯を食わされることになったり、最高の条件と思って選んだ夫が会社を辞めて冒険家を目指しだしてしまったり。実は、将来のことは原則、不明です。情報はつねに不確実、不完全です。でも、そのなかで意思決定しなければならないのが人生の難しいところです。これは、会社の経営判断でもまったく同じです。

意思決定をするときに情報が１００％ある場合を「完全情報」があると言います。完全情報がある場合には、意思決定が比較的容易です。

たとえば、100%の確率で2万円手に入るのと、100%の確率で10万円手に入るといった二者択一では、誰でも迷うことなく後者を選ぶことができます。

ところが不完全情報になると、難しい選択になります。たとえば、次のような4つの選択肢のうち、あなたはどれを選びますか？

A：100%の確率で、1万円もらえる。
B：50%の確率で、3万円もらえる。（残りの50%は何ももらえない）
C：10%の確率で、20万円もらえる。（残りの90%は何ももらえない）
D：1%の確率で、300万円もらえる。（残りの99%は何ももらえない）

大学の授業で、このような問いをすると、過半数の人たちは選択肢Aを選びます。学生にとって1万円は大金ですから、無理からぬところです。しかし、確率的に正しい判断かどうかと言えば、正しいとは言えません。

確かにAは確実に1万円が「期待」できますが、Bの場合には、1・5万円（3万円×

50％）、Cの場合には、2万円（20万円×10％）、Dの場合には、3万円（３００万円×１％）が期待値となります。したがって、期待値が最も大きいDを選ぶのが合理的な判断となります。でも、Dを選ぶには勇気がいるでしょう。

ビジネスパーソンである以上、１００％確実な選択肢をとるだけでなく、ときには10％の確率、１％の確率にも果敢に挑戦してみる必要性が出てきます。

問題は、それがいつなのか？

選択肢Dを選んで失敗してしまったときにどうするのか？

しっかり考えて行動しないと、大きく道を踏み外すことになります。

また、つねに１００％1万円の安全確実の選択肢を選び続けることにより、大きな道を踏み外す可能性がある事実も忘れてはなりません。

安全だからといって正しい選択とは限らないのです。

過去の人生を後悔するのではなく、未来志向で生きる

過去とは、一つひとつの意思決定の積み重ねである

人生は「選択の連続」です。重要な選択をだけ振り返ってみても、たくさんの選択をしてきているでしょう。その結果、「現在」が存在しています。

では、過去においてどのような選択を行ってきたのでしょうか？　つまり今までの人生は意思決定によってどのように形作られてきたのでしょうか？　朝食に何を食べるか、何を着て出かけるかといったことも意思決定ですが、そうした小さい意思決定はさておき、人生を変えるような重要な意思決定のみを考えます。

とはいえ、多くの場合、成人になるころまでの自分というのは、親の意思決定によってできあがったと言えるかもしれません。自分で決めているようで、親が好むレールの上を

歩んできたという場合も少なくありません。
自分で決めた重要な意思決定は、今までの人生でせいぜい10回くらいでしょうか。どこの高校に行くのか、どの大学に行くのか、何を得意科目として何を苦手科目にするのか（得意も苦手も実は私たち自身の選択によるものです）、誰を好きになりどのくらい付き合うのか、どこに就職するのか、どの部署で働きたいという希望を出すのかといったようなものです。

以上から、仮に10回重要な意思決定をする機会があり、各々において2つの選択肢があったとすると、2の10乗となります。計算すると、今までの人生では1024通りの選択肢があって、そのひとつを選んだということになります。すでにたくさんの道があったんだということに、びっくりしませんか？

何かを選ぶということは、それ以外のすべてを選ばないということ

過去において「2の10乗」である1024通りのなかからひとつを選んだということは、その他の1023の選択肢は選ばなかったということです。
ひとつの選択肢を選ぶということは、別の選択肢が選べないということにもなりますが、これを経済学用語で「機会コストの損失」と言います。
「機会コスト」とは、「選択しなかった選択肢のうちから、得られたであろう利益」のことで、今夜のデートの時間をAさんに使えば、Bさんとはデートができないということです。Bさんとのデートから得られるであろう隠れた利益は失われるのです。

他方、ひとつの選択肢を選ぶことによって、その他の選択肢を選んだときには得られなかった新しい道が生まれるという点も知っておいてください。たとえば、国家公務員試験に合格したら、国家公務員になる選択肢が増えたということです。受験しなければ、可能性が出てきません。

宝くじも同じ。どんなに確率が低くても買えば当選する可能性がありますが、買わなければ絶対に当たらないのです。そして運良く3億円が当たると、新しい人生の選択肢が生まれます。

このように、ひとつの正しい選択は新しい選択肢を生み、自分を一段高いところに連れていってくれます。

逆に言えば、人生の過去の意思決定で、未来が制約されている事実も存在します。試験を受けなかったり、不合格になったりした場合には、公務員という選択肢は生まれません。人生に制約が生まれたということです。

自分の「現在」に納得していますか？

そこで重要な質問です。

自分の「現在」に納得していますか？

つまり、1023通りの生き方を捨ててきたのですが、それでよかったと思っていますか？

たくさんの人生の選択肢を捨てたわけですから、現在の人生に納得していなければ、やりきれない、切ない気持ちになりますよね。今の会社で働く事実は、同業他社で働かないということですし、脳外科医になるとか、プロのカメラマンになるとか、役者になるとかという人生の選択肢も捨てたということになるのですが、それでよかったですか？　今一度、自分の人生の選択に納得しているのか確認してみる必要があります。

現在の会社で働いていてもよいのでしょうか？　今の恋人でよいのでしょうか（あるい

は今恋人がいない状態でよいのでしょうか）？

今の人生の延長線上に自分が一生かけてやりたいことが存在するのでしょうか？

ひとつの選択肢を吟味し、自分で未来の人生を作り上げる

それでは、これからはどうでしょう？

重要な意思決定だけに限定して、未来にどのくらいの道があるのかということです。たとえば月に1度、1年に12回ではいかがでしょうか。多すぎるとお考えですか。それでは1年に2回、重要な意思決定を行うというのではどうでしょう。1年間でたったの2回です。これなら受け入れられるでしょう。

1年間で二者択一の重要な意思決定が2回あるとして、残りの人生でどのくらいの意思決定の組み合わせがあるか考えてみましょう。

人生残り60年ですから、60×2＝120回あるということです。各々2つの選択肢ですから、2の120乗通りの人生があるということになります。計算すると、兆とか京とかいう桁を超えて、無量大数（10の68乗）とまではいきませんが、37桁「澗《かん》」という位になります。

正確には、1,329,227,995,784,915,872,903,807,060,280,344,576通りの人生です！

どんな選択をしたとしても、オンリーワンは当たり前。

私たちは無限の可能性のなかを、そうとは知らずに生きているんだという事実を理解していただけましたでしょうか。まさに詩人の高村光太郎が『道程』で言うように「僕の前に道はない　僕のあとに道はできる」なのです。重要なのは、一つひとつの選択肢を納得して選び、将来の自分を作り上げるということです。

過去は過去。未来は未来。

今まで納得できる人生を送ってこなかった人も、過去に決別して未来思考になりましょう。これからの人生を、納得できるものにすればいいのです。それが可能なのです。なにしろ未来には無限の可能性があるのですから。

若手ビジネスパーソンのための「意思決定」の6つの心がまえ

ここまでで、意思決定というものの基本は理解できたとしても、意思決定をする際に気をつけるべきことも知っておく必要があります。とくに次の6つが重要です。

1――成功も失敗も、自分が選んだ結果

第1に、人生の成功も失敗も、ぜんぶ自分の意思決定の結果であるという事実を知っておきましょう。**「成功を選ぶ」という選択肢があり、逆に「失敗を選ぶ」という選択肢もあるのです。**失敗は自分が選んだ結果であって、自分の責任です。

たとえば、医師国家試験に不合格だった場合、過去に不合格に至らしめた要因（意思決定）があったはず。試験の1ヵ月前に1日10時間勉強しなければならないところを5時間勉強して、残りの時間は合コンやうたた寝に使ってしまったというふうに、不合格に至る

選択肢を選んだことが考えられます。

ですから、試験の合格・不合格、仕事上の成功・失敗といった結果は、それまでの過程における選択の間違いに起因していると考えるべきです。

誰の責任でもありません。成功は自分のせい、失敗も自分のせいです。

自分が成功したら自分をほめてあげましょう。失敗したら自分を責めましょう。

そして友だちが成功したら、ほめてあげましょう、賞賛するに値します。もし失敗したら、慰めてあげましょう、きっと自分を責めていることでしょうから。

2――一長一短の選択肢のなかから選ぶ

第2に、前項で述べたとおり、ひとつの選択肢をとるということは別の選択肢を捨てるということです。別の選択肢を捨てる勇気を持たなければなりません。

商品を買うときに、品質が同じで価格が違う場合には、安いものは簡単に選ぶことができますが、品質と価格がバラバラで一長一短なときにどのように選ぶべきかは難しく、自分が納得して後悔をしない「選択の基準」をもうけておかなければなりません。

たとえば、大学も、就職先も、結婚相手も、複数の候補のなかからたったひとつを選ばなければなりません。

面白みに欠け、給料も安いけれど、将来も安定した公務員を選ぶのか、どうなるかわからないけれど、刺激的で夢もリスクもあるベンチャーを選ぶのか？

ひとつの選択肢を、自信を持って選び、別の選択肢は捨てる勇気を持たなければなりません。そのためには、自分は、どういう人生を送りたいと思っているのか？　何に最も価値を置くのか？　そうした人生における優先順位を知っておく必要があります。

このように、人生では正解がないように見えて、実は「正解のある選択」というものがつねにあります。

3——他人に相談しないで、自分で決める

第3に、難しい選択を迫られたときに、友だちに相談する人を見かけますが、好ましいことではありません。

アドバイスとは、アドバイスをする人の価値観の押しつけです。相談相手の器量を超えたアドバイスを受けることはできないのです。器が大きければ大きいほど良いアドバイスを引き出すことができるでしょうが、そのような人が、友だちという範疇にいるとは限り

ません。

ですから他人に相談するのではなく、自分で決断できるように、自分というものを明確に確立することが必要です。日本では欧米に比べて、親が庇護する期間が長くて、子どもの独立が遅れがちです。大人になるとは、独立すること、自分で決めるということです。他人の意見に耳を貸してはいけません（ましてや占いなんて絶対にダメ！）。

迷いつつも最良と思える決断を自分一人で行えるというのが、これからの長い人生において必要とされる能力となります。

4——選択肢を増やすのが正しい生き方

第4に、これからは選択肢の数を増やすという生き方をしてみてください。選択肢が少ない、あるいはひとつしかないというのは、迷わないから面倒くさくないという点では安楽な生き方ですが、選択肢がないというのは、人生の醍醐味が失われた状態でもあります。

選択肢を増やすことによって新しい可能性が出てきます。そして、可能性は多ければ多いほどよいのです。

5——再挑戦とは選択のやり直し

第5に、再び挑戦できる選択肢と、人生1回しか選べない選択肢が混在している事実と向き合いましょう。

再び挑戦できるものには、たとえば試験というものがあります。大学受験、ドイツ語の検定試験、ダンスのオーディションなどなど、再受験や再々受験が可能です。

他方、人生1回きりの選択には、就職活動のときに最終面接が2つ同じ時間にかぶったときにどちらを選ぶのかの判断、新幹線で隣に座った素敵な異性に話しかけるべきかどうかの咄嗟《とっさ》の判断、プロポーズへの返答などがあります。

自分にとって重要でかつ再トライが難しい選択であればあるほど、真剣に選択肢に向き合って、後悔しない道を選ぶ必要があります。

6——いい加減な選択は、人生がゆがむ

選択肢をいい加減に選んでいると、人生とんでもないところに連れていかれます。逆にどんなに小さい選択だと思ってもしっかり選んでいけば、思わぬ高みに人生が向かっていきます。

たとえば、合コンの幹事をした↓5対5の合コンが最悪だった↓飲みすぎてあばれた↓翌日、会社に遅刻した↓仕事でミスした↓むしゃくしゃした↓他人と肩がぶつかった↓ケンカした↓警察沙汰になった↓会社に解雇された、ということもありえない話ではないのです。本来なら、会社への遅刻は防げたし、他人と肩がぶつかったときに謝罪していれば問題が起こらなかったかもしれません。

一つひとつの選択のなかで間違った選択肢を選んでいると、自分を失って迷子になってしまい、ときには「道」を踏み外す事態に陥ってしまうということにもなるのです。

第1章

目的思考を身につける

01

中期的に達成可能な「目的」を決める

ロシアの19世紀の文豪ドストエフスキーの『死の家の記録』という小説のなかに、囚人の獄中労働の様子を描いた部分があります。そこで、彼は、とくにつらい仕事とは、無益、無意味な苦役であって、たとえば「水をひとつの桶から他の桶へ移し、またそれをもとの桶に戻すとか、（中略）土の山をひとつの場所から他の場所へ移し、またそれをもとへ戻すとかいう作業」ほど、つらいものはないと描写しています。

水や土を移動させるというのは、単純作業にして過酷な肉体労働です。ましてやそこに意味も目的もないとしたら。ドストエフスキーは、このような苦役は4～5日もやったら誰でもつらくて自殺してしまうだろうと述べています。

自分の一つひとつの意志決定が完全に無意味である状態、想像するだけで怖くなりませんか？　しかし、現実問題として、目的を持たない人生というものを、あなたもすでに多少なりとも経験しているはずです。

たとえば、高校時代、「なんで古文や漢文なんて勉強しなくちゃいけないんだ」と思ったことでしょうし、大学時代の授業にしても同じように感じたことのある科目がたくさんあったはずです。

ひょっとしたら、社会人となった今も同じように感じることが少なくないかもしれません。けれども、同じ仕事も、そこから何を学ぼうとするかで、まったく違ったものになります。

仕事やプライベートでつまずいたようなときほど、「なぜ、自分がこんなことをしているんだ？」と自問したくなるはずです。そんなときには、「理由は、これこれ、こうだ」と自分を納得させる「理由」を自分で考えましょう。

人生には目的（あるいは夢）や抱負やビジョン（将来像と呼びます）が必要です。なんらかの目的を持って生きなければ、人生に充実感がありません。逆に言えば、何らかの目的があるとき、どんなに仕事がきつくても、結構明るく乗り切れるものなのです。

02

長期の「生きる道」より、中期の「生きる道」を考える

人生には、目的が必要です。

では、その目的とは、「生涯にわたる人生の目的」なのでしょうか。

理論的には、一生の夢が決まっていれば、人生におけるすべての選択肢をその夢から逆算して選択することができることになり、近道を選ぶことができます。

しかしながら長期にわたる人生の夢を決めるのは合理的に見えて、案外そうでもない。

なぜなら、途中変更したときに時間のロスが大きすぎるからです。

残りの人生が60年以上あって、もしあなたがその4分の1程度しか過ごしていないとすると、人生の夢が生涯変わらないという保証は、はっきり言って、ほとんどありません。

現在どんな夢を描いたとしても、いずれ変わってしまう確率のほうが圧倒的に高いのです。

あれ？　一方で「目的を持とう」と言い、他方で「生涯にわたる目的は持つな」と言っ

ている。どういうことだ!?　と思われたかもしれませんね。

では、その心は？　というと――

「自分の人生に納得して生きていくためには、中期的に達成可能な目的を持とう」ということになります。


今後40年の長期的な人生の目的よりも、10くらいに細分化して、3～5年の中期的に達成できる目的を持つほうが有効です。


理由は、第1に、3～5年であれば、たとえ達成したい目的が途中で変わったり、致命的な間違いを犯したとしても、目的を変更することで、人生の転換を図ることができるからです。その間の時間のロスが少なくてすみます。

第2に、大きな「目的」を実現するためには具体的な目標の達成が必要になりますが、3～5年の期間であれば、具体的な目標設定ならびに、具体的な行動指針を立てて、努力しやすいからです。

そして、最後に、イメージトレーニングができる。自分の将来の姿を現実のビジョンとして思い描くことが可能となるということも挙げておきましょう。

03

目的は「本質的」なものにする

3～5年で達成できる目的といっても、それは、あなたの本質的な目的とベクトルを同じくするものでなければなりません。

「会社で設定された数字ゴールを達成する」「営業トークのスキルを身につける」「まかされたプロジェクトを成功させる」、あるいは、「趣味の将棋で初段をとる」「1年に1回は海外旅行をする」「ゴルフでシングルになる」などといったものは、「そのときの自分の課題」であったり、「そのときの自分を肯定する手段」であったりはしますが、本質的な目的とは言えません。だから、それを達成しても、心の底から感じる充実感にはつながりません。

では、「本質的な目的」とは何でしょう?

それを考えるひとつのヒントが、私たち人間が誰でも遺伝子レベルで持っている欲求のなかにあります。つまり、「食料獲得」と「異性獲得」の2つです。進化生物学者はすべてをその2つに集約させて考えます。自己保存の本能と種の保存の本能から来るものと言えるかもしれません。

働くということは、生きるための手段であり「食料獲得」に相当します。これを1日のうちで最低8時間行うわけです。その8時間を正当化しなければならない。**つまり、「食料獲得」において、目的を持って行動することが、人生の充足感につながるのです。**

ところが、仕事がルーティン化してしまうと、その仕事のなかに自分が埋没して、「なんでこんなことをしているのだろう」「なぜこの仕事ってこんなにつまらないのだろう」などと思うようになります。本質的な目的を見失ってしまった状態です。

そうならないためにも、

❶ 中期的（3~5年の）な
❷ 自分の仕事にかかわる本質的な目的を見つけて
❸ その目的を達成するための目標を定めて
❹ その目標を達成していく

ことが必要なのです。

04

その仕事で、何を成し遂げたいか？「本質的目的」を決める

中期的な「本質的目的」について、例を挙げて、もう少し説明しましょう。

まずS君。元森川ゼミの学生です。S君は、父親の仕事の関係で、パラグアイで生まれて9年間居住し、その後ウルグアイに引っ越して、ウルグアイの高校を卒業したという変わった経歴を持っています。大学に入学するまでの18年間、一度も日本に住んだことがありませんでした。当然、スペイン語と日本語が堪能です（なお、テニスも得意で、ウルグアイの国体では5年連続優勝したという怪物です）。

こうなると、S君の大学における「(本質的) 目的」は「発展途上国における開発問題を研究すること」となります。南米に住んでいたため、貧困を直接的に実体験していますので、開発問題に対して意識が高く、最終的には南米からアジア地域まで興味を広げて、大学3年時にはバングラデシュを訪れ、小口金融で有名なグラミン銀行で1ヵ月のインタ

ーンも行いました。現在では大手総合商社に勤務しています。

つぎに、Nさん。自動車会社に勤めていて、エコカーの販売に携わっています。この場合、「エコカーの知識に関して日本一になる」といった目的が考えられます。この目的を実現する具体的な目標としては、「自動車の部品についての知識、自動車やエコカーの歴史、気候変動といった地球環境問題の知識、自社製品の特徴、外国為替、世界経済といった分野に精通する」となります。時間とお金に余裕があれば、世界23ヵ国に点在する自動車の博物館を訪れるという目標も役に立ちそうです。

「エコカー・マニア」になることで、仕事上のニッチをつくり、他の人から頼りにされる存在になることができます。仕事上で自分の居場所ができると、人生の充実感へとつながっていきます。

なお、**「目的」と「目標」の違いは、後者が前者を達成するための手段**と定義しておきます。したがって、目的のほうが目標より抽象的で包括的です。

05

掲げてはいけない「目的」もある

「本質的な目的」について、より理解していただくために、目的にしてはいけないものを2つ挙げておきましょう。

ひとつは「将来、就職した会社の社長になる」というようなもの、もうひとつは「将来、年収1000万円稼ぐ」というようなものです。

「社長になる」を目的にするのは、もっともらしいですが、『役員四季報』によれば、全上場企業の代表取締役社長の平均在任期間は約7年です。長い社長になると50年以上在任していますが、ほとんどは自分または父親が立ち上げた会社です。

サラリーマン社長の場合、仮に同期入社が100人で一定しているとすれば、100人×7年で700人に一人の倍率で社長になれるということになります。自分の人生をかけた長期戦になり、「中期的」目的とは言えませんし、また確率としてはたったの0・14%にしかなりません。このような確率の低さで、自分の働くモチベーションを高いままで維持できるかどうかというと、前述のとおり、たいへん難しいものです。

もちろん、起業して社長になる、というのなら、今の計算は成り立ちませんし、今の時代、一瞬なら、誰でもなれるとも言えます。ただ、その会社を上場させられるかどうかとなると、確率は、一部上場企業のサラリーマン社長になるよりずっと低くなるでしょう。

「年収1000万円を稼ぐ」というのも良くない目的です。お金を目的にすると、日々の仕事がつまらなくなるということは心理学者や経済学者の間でよく知られています。

年収というのは結果であって目的ではありません。

お金を目的にしたままでは、どの仕事をどんな方向でするのかという考え方が欠落したままです。どんな仕事をどのような方向性でしたいのかを目的とするべきです。

06

数値目標に落としやすい「目的」にする

では、中期的で、かつ本質的目的としてはどのようなものが考えられるのでしょうか？たとえば、出版社に勤務する若手編集者が、「20代向けのビジネス書のベストセラーを3年以内に出す」を目的に設定するとします。さらに、それに付随する目的として、「20代の意識を変える」というものも設定します。

では、どのくらいの人に買ってもらえればベストセラーになり、なおかつ20代の意識を変えることができるのでしょうか？　そこが曖昧だと、目的が達成できたかどうか、わかりません。したがって、充実感も得られません。

日本の20代の人口はおよそ1250万人ですから、その1割が読んでくれればそれを達成できるとします。つまり、「120万部売れる本（あるいはシリーズ）をつくる」という目標になります。実際、100万部を突破する本は、世の中に非常に影響力を発しています。

こういった「数値」での客観的基準の努力目標を立てることができれば、プランを練って戦略を立てることができます。この目標を達成するためには若者の現状を正確に分析する能力、トレンドをキャッチする能力、「売れる本作りのスキル」を習得するという目標も生まれるでしょう。

ほかに、たとえば、経理関係の仕事をしている人は、数値目標が設定しやすいでしょう。業界や業種を問わず普遍的に必要とされる能力というものがあるからです。

どの会社でも経理業務としては、現金の出納管理、会計伝票の記帳や管理といったことから、給料の支払い、取引先への支払い業務、決算報告書や消費税・法人税の確定申告というものがありますが、経理の仕事を円滑に行うためには、会計についての専門的知識が不可欠です。

中期的な目的として「会社で最も会計学に精通した人になる」と決めれば、そのための「1年以内に簿記検定を1級まで取得する」「3年以内に公認会計士の国家試験に合格する」などといった数値目標も生まれます。

07

目標設定は、やや高めで、短期間で、自分だけで達成可能なものにする

掲げた本質的目的を現実のものにするためには、具体的な目標設定が必要になるのですが、目標設定に関しても重要なルールがあります。次の3つです。

❶ やや高すぎるくらいの目標を掲げる
❷ 短期的な目標にする
❸ 自己完結する目標にする

1――「125%の自分」で設定した目標にする

目標は高すぎると、やる気を削ぐことになります。逆に目標が低すぎると、進歩せずに倦怠に陥ります。できれば、高すぎることはないけれど低すぎない、どちらかと言えば「やや高すぎるくらいの目標」を設定するのがいいでしょう。

わかりやすく言えば、「やや高すぎると思うくらいの理想を目指す」とは、満点以上を目指して満点を獲得しましょうということです。100％の成果を挙げるには、125％の自分を目指すぐらいがいい。自分にはちょっと無理かもと思えるくらいの目標が、ちょうどよいものとなるのです。

2――短期的な目標設定をする

アメリカの心理学者クランボルツ教授の調査によると、18歳の時点で思い描いた将来像が大学卒業後に実現する確率はたったの2％。大学4年間でこの達成率ですから、長期の目標を立てたとしても、そのうち計画がとん挫する可能性が高い。短期目標の成功の積み重ねのほうが、高いモチベーションを維持できるという点で優れているのです。

3――自己完結できる目標を掲げる

たとえば、「世の中を自社製品でいっぱいにしたい」「世界の貧困をなくしたい」「地球環境を改善したい」といったものは、自分一人の力ではどうにもなりません。

目標を設定するときは、自分一人の力でどうにかなり、失敗も成功も自分に帰するものとすることが重要です。

08

「先天的能力」に合った仕事を選ぶ

目標を設定できたからといって、必ず達成できるわけではありません。
①先天的能力　②努力　③運　の3つの要素が複雑に絡み合って成功に導いてくれます。
この項では、まず①の先天的能力からみていきます。

私たちのすべてが、すべての仕事を等しくこなすことができるといったような万能の能力を持ちあわせているわけではありません。人それぞれ、親から引き継いだ先天的な能力や、さらに環境や教育によって形作られた後天的能力があります。先天的要素と後天的要素が混じり合って、今の自分ができあがっているのです。

ある種の仕事は、ほとんど努力することなしに簡単にこなすことができる人がいる一方で、同じ仕事をどんなに努力してもできない人がいます。先天的能力の差です。

たとえば、航空管制官の仕事に就いたとして、空間感知能力の高い人は仕事が容易ですが、そうでない場合にはたいへん難しい職業です。「テストステロン」という男性ホルモンの多寡が影響しているのですが、少ないと空間感知能力に劣り、それは努力では克服できないものです。

逆に、銀行員や公務員や農業といった仕事に就く場合には、我慢強さ、間違いを犯さない、保守的な行動をとるという性格が必要となり、テストステロンが多い人には不向きで、少ない人にこその天職です。

このように、**職業によっては、努力で克服できない能力が要求されるものがあって、自分の個性に合わない職業に就いた場合には苦労することになります。**ですから職業を決めるにあたっては性格を含めた自己分析が必要です。

09

「努力」すればなんとかなるという根性論を捨てる

目標達成には、目標に向かって、苦労をいとわない「努力」も必要です。いくら先天的能力があっても、努力が伴わなければ、目標は達成できません。しかしだからといって、多く努力をする人が偉い、ということをここで言いたいわけではありません。

それどころか、同じ目標を達成するなら、努力は少ないほうがいい。そして、そのプロセスが楽しいほうがいい、というのが、私の持論です。

たとえば、あなたが会社に勤め、財務部に配属されました。もしあなたが数学的素養に優れ、小学校から数学が得意で、大学は経営学部出身で、在学中に公認会計士試験に合格するほどであれば、財務部に配属されても、要求される努力度はそれほど高く感じません。

他方、もし数学が苦手で、大学は文学部で、会社に入ったらたまたま財務部に配属されたというのであれば、努力のレベルは非常に大きくなります。毎日が苦労の連続かもしれません。なにしろ、先天的能力で劣り、後天的能力が開発されていないのですから、努力でカバーしなければならない部分が大きすぎて、物理的にも精神的にも対応できないかもしれません。

今後求められる努力のレベルは、この2つの能力の多寡によって決定されます。

根性論で努力すればなんとかなるというのは正しい考え方ではありません。

できれば努力の程度が小さく、努力するプロセスを楽しいと感じるような天職に就きたいものです。

10

「努力」とは、目標達成というリターンを得るための「投資」と考える

努力とは、がむしゃらにするものではありません。努力には3つの大きな構成要素があるのですが、この3つの配分をどうするかで成功・不成功が決まりますので、配分のしかたを戦略的に考えることが成功の秘訣です。

努力をするのは目標を達成するため、リターンを得るためです。努力とは、投資です。

つまり、投資してリターンを得る、このように考えてもらいたい。

では投資するものは何かというと、「時間」「労力」「お金」の3つです。

正しい「努力」をするためには、この3つの投資原資の配分を考える必要があります。

大学受験を例にとってみましょう。合格するために3つの投資原資を配分します。

第1に時間を配分する必要があります。先天的能力といった他の変数を一定とすると、

1日のうちで配分できる勉強時間によって目標の達成度が決定されます。

第2に、労力（エネルギー）の投資が必要です。大学受験の場合、労力のなかでも、とくに集中力、暗記力、理解力、分析力などが試されます。いかに効率的に覚えていくのかという点について戦略的にアプローチするのが常套です。

第3に、お金の投資が必要です。受験勉強のときには高校の教科書の他に、市販の参考書や問題集が必要でした。場合によっては塾や予備校や家庭教師が必要です。どの場合にもお金がかかります。最も高額なのは一対一の家庭教師、最も安価なのは参考書を買って独学で勉強する方法でしょうか。自分あるいは親が投資できるお金の量が成功・不成功の一因であることは否定できません。

企業というものも、商品開発に3つの投資原資を使って新商品を生み出していますし、私たちの恋愛の場面でも、とくに男性は時間と労力とお金を投資して女性の恋心を勝ち取っているものです。

このように、世の中あらゆることが投資してリターンを得る仕組みになっています。

もし自分の立てた目標が達成されないようなことがあったら、3つの投資原資のうち、ひとつまたは複数が足りないということになります。

11

投資は、「好きこそものの上手なれ」を基本に行う

仕事における目標達成においては、仕事が好きであるかどうかが、この投資とリターンにかかわってきます。

仕事が好きだと、自ら進んで時間や労力やお金を使って、仕事に関連する知識を得ようとしますが、好きになれない仕事の場合、かける時間も質も最低限ですますはずです。

1日24時間のなかで、睡眠を8時間とすると、残りの16時間のうち、半分の8時間は最低でも仕事にかかわるわけですから、仕事を好きでいることはたいへん重要です。今後40年間、同じ会社で働くと仮定すればなおさらです。

また、仕事上で困難な場面に直面したときに、我慢できるかできないかの分岐点になるのも、仕事が好きかどうかという点です。

たとえば、今の仕事が大好き、普通、嫌いという3人（それぞれAさん、Bさん、Cさん）がいると仮定します。その3人の前に神様（あるいは悪魔）が現れて「退職金をいくら積んだら、今の会社を辞めてくれるか？」と言ったとします。Aさんは1億円、Bさんは1000万円、Cさんは100万円と言いました。この退職金の金額は、今の会社の仕事に、どれだけ我慢できるかという数値でもあります。

どういうことかというと、仕事につまずいたとき、Aさんの場合には、総額1億円の負荷まで我慢できるということです。他方、Cさんにとっては、ほんのちょっと（100万円程度）の困難でも、嫌だ、辞めたいと思ってしまうということです。

好きなら、我慢して努力します。嫌いだと、我慢するのがつらくて、努力をするくらいなら辞めてしまおうと思ってしまうのです。ですから、仕事が好きかどうかを再確認する必要があるのです。

これからの人生では、好きなものをとことん好きになる必要があります。**嫌いなことは無理やり好きになる必要はありません。嫌いなことに3つの貴重な投資原資を使うくらいなら、好きなことに投資原資を使って、さらに好きになり、好きを極めることのほうがずっと大切です。**

12 運を味方につける

目標達成において、運・不運が作用する余地は、案外多いものです。

たとえば、大学の入試においても当落線上の2点差以内に何十人、何百人が集中していますので、偶然前日に解いた問題が出題されたとか、あてずっぽうでマークシートを塗りつぶした答えがたまたま正解だったとか、就職活動では、たまたま面接者との相性が良かった(悪かった)で、合否が判定されたはずです。仕事においても、たまたま電話をとった人が決裁権のある人で、あっというまに商談がまとまったということもよくあります。

人生とは、そもそもそういうものです。

運がよい人ほど、成功を収め、納得のいく人生を送ることができるのです。

ただし、結果は見えても運・不運は見えない、というのが難しいところです。

私の人生を振り返っても、小学生のときには自動車に轢かれて一命をとりとめたとか、国連職員としてウガンダに勤務していたときに拳銃を持った三人組の強盗に門の前で待ち伏せられて、弾丸が頭上をかすめていったとか、自宅にいたら機関銃を持った兵士が泥棒に来て、あやうく殺されそうになったとか、人間ドックでガンを早期に発見することができて摘出手術ができたとか、生死にかかわる経験をいろいろしてきました。

これらはみな幸運だった（少なくとも不幸中の幸いだった）と思えるのですが、よく考えれば、幸運と同じように不運も相当の数を経験してきたはずです。試験に落ちる、フラれる、仕事で大失敗する、ケガをする等、数多くの失敗も経験してきたわけですが、そのうちどれが先天的能力不足や努力不足の結果だったのか、それとも単なる不運だったのかの見分けがつかないのが、人生の意思決定をするうえでたいへん難しいところです。

思うような結果が出なかったときにどのような道を選択するのかは、結局のところ、自分の描く目的や夢に対して、どの程度欲しているかという気持ちの強弱の問題であるようです。強く望めば再挑戦するでしょうし、弱い気持ちであるならば、諦めて別の道を歩んでいくということなのでしょう。

どうしても「目的」が見つからない人に

ビジネスパーソンとしての一歩を踏み出し、人生を納得して生きるには、「目的」という言葉に代表されるようなアップグレードされた「将来像」を思い描き、実現していくことが不可欠です。それを「中期的目的を見つける」という言葉を使って提案しました。

目的を持たずに生きるとは、大きな森のなかで迷った状態。どちらに向かって進むのか、何を目指して進むのかを喪失した状態です。方向性がわからないと、同じ場所を行ったり来たりして、森から抜け出すことができないし、「無目的な苦役」をしている自分に絶望を感じて、精神的に押しつぶされそうになります。

だからこそ、食料獲得にかかわり、自分の「仕事」に意義を見出すための本質的「目的」を見つけて、その目的を現実にする「目標」を設定して、達成する努力をすべきです。

目標の設定基準は、やや高すぎるくらいで、短期的で、自己完結するものとなります。

目的と目標が定まったら、努力という「投資」をしてリターンを求めることになりますが、努力の構成要素は、時間、労力、お金です。目標を達成するために効率よく投資したいものです。

この場合には、結果よりプロセスに重要性があります。会社内では結果が求められますが、人生の生き方という点では、結果よりも、「どのくらいがんばったか」という自己実現へのプロセスが重要です。

たとえ目的が達成できなくても、自分の性格を分析し、将来の可能性と先天的な限界を知ることができるのと、目的を途中変更してもそれまでの実績が将来に役立つからです。

もちろん目的が達成できれば、一段高い自分に生まれ変わります。成長できたら、さらに高いところに向かって行こうという気持ちが湧いてきます。

その意味でも、長期的な目的より、3～5年で実現可能な目的を持つことをお勧めします。

ただし、心得ておかなければならないのは、「自分の生きる道」を選択することは別の可能性を失うことでもあるという事実です。ひとつの道を選ぶ勇気と、他の選択肢を捨てる勇気を同時に持たなければなりません。

仕事に追われていると、選択肢を自分から捨てているのではなく、捨てさせられている状態になることもあります。そのような形で選択肢を喪失していくのを「無駄に年をとる」というのですが、そうであるからこそ、納得して自分の道を見つけて歩んでいってもらいたい。

なお、**中期的な目的がどうしても見つからなかったら、いきなり具体的な目標に向かってもかまいません。**

とりあえず短期的な目標を設定して、実現していくと、そのうちに将来のビジョンがはっきりしてくるということもしばしばあるものです。

仕事に関係したことで自分がやりたいことを目標を決めてやる、これがたいへん重要です。

目標を定めて一つひとつクリアしていけば、実力を短期間で「10倍」にしていくことも可能となります。

たとえば、1回の目標達成につき10％自分をグレードアップできれば、複利計算により25回目で約10倍になります。もし1回で50％グレードアップできるなら、6回の目標達成で10倍以上となります。

決して不可能な数字ではないのです。

第2章

ビジネスパーソンとしての心得

13

給料をもらうとは、どういうことかを考える

すでに、社会人となって何年か経っている人にはおわかりでしょうが、会社に入社し、ビジネスパーソンとして生きていくには、心得ておかなければならない重要な点がたくさん出てきます。

学生と社会人との根本的な違いは？

そう、**お金を払う側から、お金をもらう立場に変わる**ことです。

知識をインプットすることを本分とする学生は、大学から得る知識の対価として、「授業料」という形でお金を支払います。大学生は教員が提供する知識の消費者です。お金を出して知識を買うという、スーパーマーケットでミネラルウォーターを買うのとまったく同じ構造になっています。

これに対し、社会人は、世の中に何らかの価値をアウトプットすることによって、その対価としてのお金を得る立場にあります。

大きな会社に勤めている人には、自分が直接世の中に価値をもたらしているような実感はないかもしれません。それよりも、仕事にかかわるアウトプットに対して、会社から対価が支払われるため、自分の労働力を会社に売って給料をもらっている、という感覚かもしれません。

しかし会社は、社員全員で生み出した付加価値（収益）のうちの一定の割合を、給料という形で分配しているわけです（その割合を、労働分配率と言います）から、つまりは、生み出した付加価値を買ってくれた人からお金を得ていることになります。

ただし、実際には、ついこの間まで大学生だった人が、入社当初から戦力になってくれるということはないので（サークルとアルバイトの毎日ではしかたがありません）、ＯＪＴ（On the Job Training）や研修という形で教育されます。つまり、仕事を完全に覚えるまでは、アウトプットと同時にインプットも行われることになります。

14

経済的に独立してはじめて見えてくる世界がある

大学生のうちは、親が授業料を払い、自分では一銭も払わないので、大学の講義を買っている、という実感がなかった人も、自活するようになると、買った商品が対価にあったものかどうか厳しい目で見るようになるものです。

社会人になるということは、金銭的に独立し、住むところを探し、食費をまかない、社会人にふさわしい衣服をまとうことでもあります。言い方を替えると、誰にも相談する必要なく、人生の意思決定が自分でできるようになる、ということです。

使い方は、なんでもOK。基本的な生活費を除いて、飲み代、自己投資（美容や将来への貯蓄）など、個人の裁量で決められます。学生時代には手が届かなかったものを買えたり、おいしいものを食べたりと、贅沢もできるようになります。

別の見方をすれば、**給与としてもらったお金の歳出は、自分の生き方を反映します。**衣服に使うのか、貯蓄に使うのか、飲み代に使うのか、習いごとに使うのか、一人ひとりの生き方が問われているということになります。

さらに、お金を稼ぐようになって、学生時代には気にしていなかった税金や年金が、自分の給料からどんどん引かれていくのを見て、政治の仕組みについて詳しく調べるようになった人もいるでしょう。

「ライフサイクル効果」と呼ばれるものですが、年齢と税金の上昇とともに、税の使われ方、健康に対する意識、介護問題、子育て、子どもの教育などに関心が広がっていきます。それまでは無関心だった政治に興味を持つようになり、新聞も後ろから見ていた人でも第一面の記事に関心を抱くようになってくるものです。

と同時に、自分が会社員としての責任のみならず、納税者として、日本という国のなかで背負っている義務と責任についても感じてくるのではないでしょうか。

15

仕事に穴を空けない健康管理は、社会人の基本中の基本

20世紀のイギリス人作家、バーナード・ショーはかつて「若者には青春がもったいない」と皮肉りました。大学生ほど、時間があるにもかかわらず、時間のありがたさを理解していない人たちはいません。健康と同じ、失ってはじめてその価値に気づくもの。社会人になってようやくその価値に気づいたことでしょう。

他方、多くのビジネスパーソンは、1年間に20日の有給休暇がもらえても、日本の企業の慣例として、すべてを使い切ることができるというわけではありません。長期休暇としてせいぜい7～10日、土日を含めると2週間程度が最長ということになります。

その休みを取る際も、同僚や先輩の休暇事情やプロジェクトのスケジュールも考慮しなければならないため、若手の社員ほど、自分の希望する日にちにはなかなか休めないもの

です。

学生時代とは異なり、多少体調が悪くても、二日酔いでも出勤しなくてはなりません。

病気になって休みをとっても、休んでいる間に他の社員がカバーするシステムの会社や部署では、申し訳ないという気持ちになりますし、そんなシステムがないところでは、休んだ分だけ仕事が山積みされてしまうので、休んだ後が怖くなって、多少の病気なら出勤してしまうのです。

また、競争の激しい職場では、休んでいるうちに、同僚によい仕事を取られてしまったり、休みが重なれば、それなりの仕事しか回ってこなくなることもあります。

実際、大企業でトップまで上り詰める人は、ほとんどみな丈夫です。病弱な人は自然に出世競争から離脱して、気がついたら、丈夫な人だけ残っていた、ということでもあります。

いずれにしろ、健康管理は、社会人の基本中の基本です。

16

時間管理がすべてを制する

時間が有限であり、貴重な財産であるということは、有効活用の必要性があるということです。お金と同じです。お金が無限にはない以上はやりくりが必要です。時間が限られている以上、まず時間管理をしっかりしなければなりません。

時間管理は、健康管理に次いで、社会人の基本です。

まず、ビジネスパーソンは、すべからく期限を守ることが求められます。自分のペースで仕事をするのではなく、一緒に働く人とのかかわり合いで仕事のペースが決まります。勤務時間は決まっていますし、会社によっては残業時間が制限されていますので、限られた時間内で業務を優先順位を付けて遂行し、締め切りを守らなければなりません。

制限時間オーバーの100点より、時間厳守の90点をとることが必要です。

そのためには、土日の過ごし方が非常に重要になってきます。

会社を経営する側から見ても、仕事中は仕事に集中してもらいたいと願っています。会社はあなたの労働時間を買っています。勤務時間に対して会社が対価を支払っているため、仕事中に仕事とは関係のないことに時間を使われることは会社の「損失」です。

したがって、勤務時間中に仕事に集中できるようになるために土日を使わなければなりません。すなわち、ON（仕事）とOFF（プライベート）を速やかに切り替え、充分に休養したり、友人や恋人と楽しく過ごしたり、あるいは勉強や体力作りに使います。

次に、こうした1日の仕事の時間配分、1週間の仕事とプライベートとのバランス、という短期の時間管理の他に、将来のキャリアプランやライフプランといった中期的な時間管理もあります。

どの時点でも計画的に時間を使っていかないと、せっかくの人生において無駄な時間が生じてしまいます。

17

仕事は、「結果主義」。努力を認めろと愚痴ってはいけない

学生までは、努力は評価されます。お金を払って、教育というサービスを受ける身であり、そこには、「努力する」という能力の育成も含まれるからです。けれども、給料をもらう側の社会人となれば、「努力しなかったけど成功しました」は問題なしですが、「努力したけど失敗しました」は問題ありです。

問われるのは、**努力の有無ではなく、成功の有無です。**

ビジネスの世界では**「よくがんばったね」は成功者に対して送る言葉であって、失敗者に対する慰めの言葉ではありません。**

成功、不成功の結果がすべて。これを「結果主義」と言います。

義務教育においては、結果とともにプロセスが重視されます。どのような手順でどのよ

うな努力をしてどのように成功・不成功に対応したかというプロセスに重きがおかれ、そのプロセスが間違っていないことを確認します。このような考え方を「過程主義」と呼んでおきます。義務教育が過程主義なのは、子どもの可能性を引き出すためです。

社員が口にする「私も一生懸命努力しているんだ」というセリフ、こういう言葉は過度の過程主義偏重が生んだゆがんだ言葉です。

社会人は、結果がすべて。先天的能力だろうが、努力だろうが、運だろうが、使えるものはぜんぶ使って結果を出してください。

ただし、確率的に言えることですが、プロセスが正しければ、結果もついてきますので、過程主義にもとづいた成功のパターンは確立していきたいものです。

18

結果の評価には、「客観的データ」と「＋α営業」が求められる

結果主義で重要な点は、**客観的な成果を結果として残していく**ことです。自分の経歴にどれだけ客観的な成果を組み込めるか、つねに考えておいてください。

たとえば、あなたが、「中国語が得意です」と主張して中国赴任を希望したとしても、得意とか不得意というのは主観的な判断であって、会社の上司は必ずしも納得しません。それよりも「中国語検定ＨＳＫ６級」といった客観的データが必要なのです。

あるいは「今年も営業をがんばりました」とただ主張しても、誰にも響きません。「上半期の受注困難な時期に、担当地域の売り上げを前年比１４０％増にしました」と誰もが瞬時に判断できる数値で示し、アピールする必要があります。

また、会社組織の人事評価は直属の上司が行うのが一般的です。当然、客観的データが

必要ですが、さらに、上司あるいはその上の上司の主観的評価が加味されます。客観的なデータとともに、いかに上司に気に入られるかも重要です。そのために、上司には仕事上で気に入られるのに加えて個人的にも気に入られることが必要になってきます。

たとえば、上司がゴルフやお酒が好きだったら、対応できるようにしておきましょう。複数でやるようなゴルフや麻雀は人数を集めるのが難しいため、その役割をあなたが担うことができれば、上司のおぼえもめでたくなるものです。

私の国連時代の上司がよい例です。その方は国連のなかで「総裁補」という上級ポストを射止めた日本人職員のなかでは出世頭の一人でした。仕事もできましたが、個性豊かな人で、料理が得意で、上司や同僚、仕事で関係のあった人たちを自宅に招いて、手の込んだ中華のフルコースをよくふるまっていました。

家事をしないことで知られている日本人の男性が、前日から仕込みをし、時間になるとお客様をエプロン姿で出迎えるといった具合に、仕事上と私生活のギャップをみごとに演出していました。上司にかわいがられるためにはこのような「演出」も必要なのです。

19

当然、一緒に働く人は選べない。会社とは仲良しグループではなく、戦場であると覚悟する

会社で一緒に働く社員は、会社にとって有益な人材であるという前提で採用されました。あなたと友だちになれそうとか、恋人になれそうとか、そういう基準で採用されたわけではありません。

性格がいびつだったり、のんびりしていたり、部下をいびるのを生きがいにしていたり、独り言をつぶやくのが好きだったり……いろいろな人がいます。

そもそも会社という組織は、20代から60代まで幅広い年代の集団です。年代が異なれば感覚も異なるでしょうし、同年代でも物事の考え方が違う人が大半だと思っていいでしょう。

理系もいれば文系もいます。体育会系もいればオタク系もいます。歴女もいれば、「鉄オタ」もいますし、帰国生もいます。

どう考えても友だちになれない、ときには口もききたくないような人とも毎日顔を合わせなければならない状況が生まれるのが会社というところです。

そういう人は同僚にも上司にもお客様にもいます。**会社組織とは仲良しグループではありません。食料獲得をかけた生死にかかわる戦場である**という覚悟が必要です。

20

気の合わない同僚がいることを前提に、社内の人間関係を考える

会社では、気が合わない人と一緒に働くことは不可避ですので、その前提で対処する方法を考えなければなりません。

まず**一緒に働く人に過度の期待を抱かない**ことです。結婚生活と同じです。期待は裏切られます。あくまでも利益を上げるために短期的にチームを組んでいる人なんだと割り切ることが重要です。永久に続くわけではありません。短期・中期的に一定の時間を共有するだけと割り切りましょう。

自分を押し殺して無理に相手に合わせたり、媚を売ったりする必要はありません。自分が悪いと考える必要もありません。気が合わないのはしかたがないことで、不可避なのです。会社の「できる人」たちはみな、その現実を受け入れて対処しています。

会社組織は軍隊と同じで、上意下達の「指令系統」を守らなければならないので、組織の下位にいる若手や新人は、上司からの命令に実直に従って行動し成果を出すことが求められます。ですから、人の良し悪しで動くのではなく、**指令に対して動く**という割り切りが必要です。

仕事の境界線を明確にして、分業体制をしっかり整えることも重要です。仕事におけるいざこざは自分と他人の所有権が明確でない「公共財」において生じるものだからです。

あいまいなところがあったら、上司と相談して明確にさせましょう。どこまでが自分の仕事でどこまでが他の人の仕事なのかを明確にしておき、自分の領域には入らせない、相手の領域には入り込まないという境界線を明確にしておくことが大切です。

最後に、友だちを大切にしましょう。仕事では仕事そのものより、人間関係でストレスが溜まるものですから、腹を割って話せる友だちが貴重です。友だちは選んで作ったもので、利害関係がない人たちですから。ときには友だちと飲んだり、食事をしたり、映画を観たり、仕事から離れる工夫をしたいものです。

21

社内の「すごい人」を模倣する

会社で一緒に働く人は自分で選んだわけではない、ということは、逆に言うと、**会社には、ふだん知り合うことができない、とんでもなく素敵で刺激的な先輩や上司がいる可能性もある**、ということです。年齢や経験が自分より上で、友だちにはなれないし、知り合ったとしても相手にしてくれないような人です。それが、会社という組織のおかげで間近に観察することができるのです。

たとえば、「人間の鑑」「自分では絶対に言えない素敵な言葉を使う」「オーラがにじみ出ている」「なんと心が広いんだ、聖人君子だな」「仕事に関する知識は日本一」「この人、寝ていないんじゃないの?」などというふうに思ってしまう人が、本当にいます。

社内において、そういう「すごい人」に出会ったら、自分を高めてくれる最高の機会が到来したということ、模倣するチャンスです。生き方に特許はありませんから、盗み放題です！

私の経験で言うと、国連に勤務した2年目、ウガンダからニューヨークに転勤になって総務部に配属になったのですが、総務部長にシエラレオネ出身のテジャン・カバという人がいました。恰幅がよく、背が高く、声も大きく、考えることが地球規模で、他方、自分がミスをしてもフォローアップをしてくれるし、ほめるときもほめるポイントを熟知していて、その人心掌握力はまさに「すごい」ものでした。

このような人になりたいと思ったので、在任中はなるべく話し方や仕事ぶりを真似ようとしました。しかし、カバ部長は翌年には国連を退職してしまいました。どうしているものかと疑問に思っていましたが、ある日、ふとCNNを観ると、カバ元部長は自国に戻り大統領選挙に出馬して、みごと勝利し、シエラレオネの第3代大統領になっていました。「すごい人」とは思っていましたが、そこまですごい人だとはまったく思いませんでした。

（アーメッド・テジャン・カバ氏は1996年にシエラレオネ第3代大統領に選出されましたが、翌年の1997年5月、軍事クーデターにより失脚してギニアに亡命。1998年に復職して、2007年まで大統領を務めました。）

22

自分のミスが、会社を潰すことすらあるという会社員としての責任を自覚する

会社組織には階級が存在します。小さい会社なら、平社員、課長、部長、副社長、社長といった階級でしょうか。大きな会社になると、ランクが細分化されています。平社員から、主任↓係長↓課長↓部長↓常務↓専務↓副社長↓社長（↓会長）となります。もちろん、課長の前には課長補佐、部長の前後には副部長か部長代理、本部長といったランクを導入している会社もあります。

ちなみに、全国に20万人あまりいる警察の組織も階級社会です。最も階級の低い巡査からはじまり、巡査部長、警部補（キャリア組はここから開始）、警部、警視、警視正、警視長、警視監となり、その上に警視総監がいます。

私が以前働いていた国際連合は、国際公務員というだけあって、ランクが著しく多い組織で、18のランクに分類されていました。

ランクによって仕事の質も異なりますし、責任も違います。昇進すればするほど責任が重くなっていきます。

学生は自己責任の世界で、たとえ単位を落としても、社会全体に悪影響が出るというものではありません。ところが**会社員になると、責任が個人のみならず会社全体に及びます。**一人の社員のミスが会社を倒産に導くこともできてしまう時代なのです。

たとえば、２００５年の「ジェイコム大量誤発注事件」。証券会社の社員が、東証マザーズ市場に新規上場したジェイコム株に対して、本来ならば「61万円１株」とすべきところを「１円61万株」と誤ってコンピュータに入力してしまいました。この誤発注により、この証券会社（および東証）はたったの16分で約２７０億円の損失を被ったと言われています。

その他にも人為的なミスによって問題が生じたものは、２００７年に発覚した「消えた年金問題」、１９８６年に現在のウクライナで起きた「チェルノブイリ原発事故」など、いくらでもあります。

23 会社で、若手が責任を全うする方法

会社に雇われ、会社から給料をもらっている以上、自分のあらゆる行動は会社の行動としてとらえられてしまうことを覚悟しなければなりませんし、そのうえで自分に与えられた責任は果たすことが求められます。

では、会社において分担された責任を全うするためにはどうしたらよいのでしょうか？

それほど難しい話ではありません。**「言われたことをやる」というだけです。**

それでも、仕事が難しいのは、その言われたことが難しかったり（質の問題）、たくさんあったり（量の問題）、判断に迷ったり（意思決定の問題）するからです。

ではひとつずつ解説していきます。

第1に「質の問題」は、その時点でのスキルと仕事の専門的知識の問題です。スキルの

部分は経験値ですので、時間が解決してくれますが、知識については情報収集したり書籍を読んだり学校やセミナーに通ったりして学ばなければなりません。専門知識を深めることができれば、それだけ自分に与えられた仕事の意味を理解するようになります。

第2に「量の問題」。これは優先順位の問題で、原則として「先延ばし」にしないことによって解決します。

職場では仕事に取りかかろうとしても、電話や来客などで作業を中断されることもしばしば。後回しにすると仕事が山積みになり、残業が増えたり、休日に出勤したり、せっかくのプライベートをキャンセルしたりすることで対応せざるを得なくなります。

第3に「意思決定の問題」については、自分は意思決定をする立場にないことを自覚しなければなりません。指令系統を超えた独断は越権行為です。忙しそうにしている上司に訊くのは憚《はばか》られると思うときもありますが、「ホウレンソウ」（報告、連絡、相談）の基本は忘れることなく、判断に迷うことがあれば必ず上司に確認を取るのが無難です。

24

利潤追求するのが会社という組織であると知る

会社とは合理性を追求する場所です。**合理性とは簡単な言葉で言うと、行動においては効率性を追求するということであり、思考においては論理的であるということです。**

会社における合理性には、利潤追求（行動）における合理性と、私たちの考え方（思考）における合理性の追求の２つの側面があります。

まず、利潤追求についてお話しします。

限られた予算で最大の利益を追求するとなると、どうしても効率性を求めざるを得ません。効率性とはムダを省くということです。つまりコスト管理、コストカットです。

自分のお小遣いくらいなら「どんぶり勘定」でもいいかもしれませんが、会社という組織ではそういきません。他社との競争に勝つためには、品質と価格において秀でなければばなりませんので、無駄を省いて投資すべきところに投資して、品質を向上させ、価格を下げる努力をしなければならないのです。

そのためには、紙1枚、ボールペン1本まで管理をしていかなければなりません。とくに大企業のように何万人も従業員がいるような会社では、一人ひとりでは数円単位のムダも積もり積もって全員となると、数万円、ときには数百万円のコスト増につながっていきます。


では、会社には一切の無駄がないほうがよいかというと、そういうわけではありません。合理性だけを追求し、お金儲けだけに専心するという企業イメージよりも、たとえば発展途上国において病院を建てている、といったような社会貢献をしてブランドイメージを上げている企業のほうが一般消費者に好感が持たれて、間接的ではありますが収益向上につながる、ということもあります。

本来の利潤追求を行ってはいるが、それに加えて社会貢献をしている姿をアピールすることによる企業の度量の大きさで、企業イメージをつくり、それによって結果として、本来の目的である利潤の追求を行っているわけです。

25

社会人のコミュニケーションは、結論ファーストと5W1Hで行う

社会人のコミュニケーションにおいては、「結論ファースト」が求められます。

上司や先輩、同僚やお客さまの貴重な時間を無駄にしないためです。

つまり、**要点から伝え、理由はその後に付け加える**。

「結論から言うと○○になります。理由は2つで、ひとつ目は○○、2つ目は○○になります」といった感じです。

これが、社会人に求められる**「思考の合理性」**です。

会社における上手なコミュニケーションとして、**5W1Hの明確化は不可欠**です。

5W1Hとは「Who（誰）、What（何）、When（いつ）、Where（どこ）、Why（なぜ）、How（どのように）」の6つですが、すべてを必ず入れるというのでは

なく、相手の立場に立ってどの情報が必要なのか、どの情報を省いてよいのかを考えながら、5W1Hを明確にしていくことが肝要です。

ところで、この5W1Hのなかで最も重要なのは何だか知っていますか？

答えは「Why」です。

「なぜ？」、「どうして？」を突き詰めて考えることが重要ですし、優秀な上司は何度も「どうして？」と突っ込んで質問してきます。上司に報告するときは「Why？」を突き詰めて考えておくとよいでしょう。

なお、相手のことを考えてなるべく邪魔をしたくない、というのは、コミュニケーションは最小限に、ということではありません。

前述のとおり、「ホウレンソウ」は忘れてはいけません。**上司にとって最も嫌なのは「それは初耳だ」「俺は聞いていないぞ」ということです。**ベン図で言えば、平社員の情報の円は上司の情報の円のなかに存在しなければなりません。

26

学歴が影響するのは、良くも悪くも、就職活動までと心得る

大学を卒業した後で、学歴はどこまで影響するのでしょうか？　一流大学出身者は「一生続いてほしい」と願うでしょうし、必ずしも一流とは言えない大学を卒業した人は「もういい加減にしてくれ」と言いたいことでしょう。

結論から言えば、確かに「学歴社会」という面は存在しますが、学歴が大きく影響を及ぼすのは就職活動まで。その後は、学歴による能力評価は減少していきます。

大学入試で求められた能力は、どの科目でも理解力、暗記力、忍耐力で、数学や理科では分析力、合理的思考力といったところでしょうか。

大学4年間では、専門性が深まるにつれて、応用力、プレゼン力、文章力、創造力が問われることになるのですが、現実には、要領よく立ちまわれば、これらなしでも結構よい

成績で卒業することができます。

とどのつまりが、学歴というのは多くの場合、大学入試までに得た理解力、暗記力、忍耐力のレベル、それに要領のよさしか示していません。

ところが、仕事というのは、それだけで対応できるものではありません。もっと「本質的な能力」が必要になってきます。求められる能力が多様化するといったほうが適切かもしれません。

たとえば、自社製品を売る営業といっても、顧客対人型から、電話応対、ネット応対、「ＢｔｏＢ」の会社回りなどがあって、対話力、プレゼン力、交渉力（説得力）、忍耐力、持続力、演出力といったスキルが必要となります。場合によっては、人間的な魅力、ユーモア、調整力、情熱、清潔感、五感的魅力のうち、とくに「見かけの良さ」といったものまで必要となります。

東大閥の官庁やガチガチの政府系機関、メガバンクなどに勤めているのでない限り、**仕事さえできれば、どこの大学の出身であろうと問題ありません。**

第3章

社会人に必要なマクロの知識と視点

27

「市場経済メカニズム」を知り、マクロの視点を持つ

私たち一人ひとりはちっぽけな存在です。ただし、**マクロの動きを巨視的に知ることで、ミクロの私たちがどの方向に向かうべきなのかが見えてきます。**時流を知っておくことは、最適の選択をするうえで役に立つはずです。

マクロの動きを知るうえで、最初に知っておくべき専門用語は「市場経済メカニズム」という言葉です。

就職活動も、会社間の生存競争も、会社内の昇進競争も、私たちの友だち関係も、恋愛や結婚も、すべて市場経済メカニズムに基づいた自由競争が原則です。

「市場経済メカニズム」を理解するために、ラーメン店を例に考えてみましょう。

2256 一流《いちりゅう》企業《きぎょう》で続々《ぞくぞく》活躍《かつやく》、早稲田《わせだ》超人気《ちょうにんき》・森川《もりかわ》ゼミの
入社《にゅうしゃ》3年目《ねんめ》までに絶対知《ぜったいし》っておきたいこと

愛読者カード

◆ 本書をお求めいただきありがとうございます。ご返信いただいた方の中から、抽選で毎月５名様に**オリジナル賞品をプレゼント！**

◆ **メールアドレスをご記入いただいた方には、**新刊情報やイベント情報のメールマガジンをお届けいたします。

フリガナ お名前	男 女	西暦　　　年　　月　　日生　　歳

E-mail　　　　　　　　　　　@

ご住所　（〒　　　－　　　　）
都道府県　　　　　市区郡

電話　　　　　（　　　　　）

ご職業　1 会社員　2 公務員　3 自営業　4 経営者 5 専業主婦・主夫
6 学生（小・中・高・大・その他）7 パート・アルバイト　8 その他（　　　　）

本書をどこで購入されましたか？　書店名：

本書についてのご意見・ご感想をおきかせください

ご意見ご感想は小社のWebサイトからも送信いただけます。http://www.d21.co.jp/contact/personal
ご感想を匿名で広告等に掲載させていただくことがございます。ご了承ください。
なお、いただいた情報が上記の小社の目的以外に使用されることはありません。

このハガキで小社の書籍をご注文いただけます。
・**個人の方：**ご注文頂いた書籍は、ブックサービスより２週間前後でお届けいたします。
代金は「**税込価格＋手数料(305円)**」をお届けの際にお支払いください。
（手数料は、予告なく改定されることがあります）
・**法人の方：**30冊以上で特別割引をご用意しております。お電話でお問い合わせください。

◇ご注文はこちらにお願いします◇

ご注文の書籍名	本体価格	冊数

電話：03-3237-8321　FAX：03-3237-8323　URL：http://www.d21.co.jp

郵便はがき

料金受取人払郵便

麹町局承認

5048

差出有効期間
平成32年2月24日
（切手不要）

102-8790

209

東京都千代田区平河町2－16－1
平河町森タワー11F

Discover
ディスカヴァー

行

お買い求めいただいた書籍に関連するディスカヴァーの本

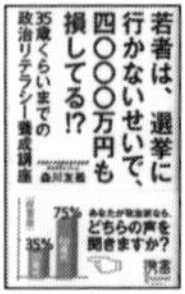

若者は、選挙に行かないせいで、四〇〇〇万円も損してる!?
森川友義　1000円(税別)
日本の若者が“ソンをする”のは20代～30代前半の投票率が低いから。この本一冊あれば、政治がどのように動いているのか、何が変化を妨げ、何が変化を促進するか、がわかるはずです。

99%の人がしていないたった1%の仕事のコツ
河野英太郎　1400円(税別)
実は99%の人がしていない、ちょっとした、でも仕仕事を効率的に進め、着実に目標を達成するための今すぐできる仕事のコツ、教えます。シリーズ累計120万部以上のベストセラー！

一目惚れの科学
森川友義　1000円(税別)
ヒトが進化の産物である以上、その振る舞いには科学的な説明を与えることができる。恋愛学、結婚学の第一人者である著者によると、そのキーワードは『子孫繁栄』。ベストセラーがリニューアル再登場！

仕事の基本
濱田秀彦　1250円(税別)
さっくり読めて一生役立つ入門ビジネス書。入社3年目までに身につけておきたい仕事の進め方、職場の人間関係やビジネスマナー、企画力など「仕事の基本」38をピックアップ。

ディスカヴァー会員募集中

特典
- 会員限定セールのご案内
- イベント優先申込み
- サイト限定アイテムの購入
- お得で役立つ情報満載の会員限定メルマガ「Discover Pick Up」

詳しくはウェブサイトから!
http://www.d21.co.jp
ツイッター @discover21
Facebook公式ページ
https://www.facebook.com/Discover21jp

イベント情報を知りたい方は
裏面にメールアドレスをお書きください。

全国にラーメン店は3万5000軒余りありますが、早稲田大学近隣の高田馬場界隈もラーメンの激戦区のひとつで、何十、何百というラーメン店が存在します。ラーメン店はラーメンを商品として売ります。そのなかで、立地がよくて、おいしくて、お得な値段の店だと、毎日長い行列ができています。そのかわり、立地が悪いか、まずいか、値段が高いか、あるいはサービスが悪いと、閑古鳥が鳴く場合もあります。

よい商品を売れば、消費者はお金を出して買ってくれます。良くない商品だと市場から駆逐されてしまいます。利益を出してお金持ちになることも、損失を出して倒産することも、すべてラーメン店のオーナーの腕次第ということです。自由競争ですから、熾烈な戦いに勝ち抜く必要があります。

この市場経済メカニズムは、すべての商品に当てはまります。あなたの会社の商品のみならず、人間関係も同じです。

私たち自身がひとつの商品であると考えると、人間関係においてもこの市場経済メカニズムが機能しているのです。

28

自分の商品価値を磨く

社会人になったら、「市場経済メカニズム」のなかで自分の商品価値を磨かなければなりません。

会社員の給料は市場経済メカニズムの結果として成り立っています。

一人ひとりの商品価値はさまざまですが、会社としては、「適切な訓練を施せば、将来的にきっと良質な商品になってくれるだろう」と期待して採用に至ったわけです。

また、「市場経済メカニズム」のなかでは、商品としての社員は社内の他の商品（同期社員など）より優れるように切磋琢磨することが前提となります。つまり、私たちは少しでも他者を上回り、数少ない昇進ポスト獲得に向けてサバイバル競争を行うことが求められているのです。

以上は、一人ひとりが、自分という商品を会社に売っている、という視点からのものですが、転職や独立起業が増えてくるこれからは、一人ひとりが、自分という商品を、日本、あるいは、世界という市場のなかで、いかに売っていくか、いかに商品価値を磨いていくかが問われることになるでしょう。

では、ビジネスパーソンとして自分の商品価値を磨くにはどうすればよいのでしょうか。**社会人の価値は、「相手が必要とするものをどれだけ与えることができるか」にかかっています。**相手が自分に求めているものを理解すること。そして、その要求に対して自分の「与える」ことのできる資質を高めなければなりません。

一方で、市場経済メカニズムのなかでは、「自分が相手に求めるものをどれだけ受け取れるのか」という観点から、職業や転職先を選ぶなどの意思決定をしていくことになります。

「与える」ことと「受け取る」ことの両方の視点を持ちながら、自分の商品価値を高めていきましょう。

29 時代遅れの「年功序列」「終身雇用」に甘んじない

わが国特有の雇用形態として、「年功序列」や「終身雇用」という制度があります。「年功序列」のメリットは、会社側としては、判断基準が年齢だけなので明確であり客観性があること、働く側からすると、年齢とともに年収の予想ができるわけで人生設計がしやすいという点です。

「終身雇用」のメリットは、会社側としては、優秀な人材を長期にわたり雇用することができること、働く側としては、解雇されることがなく、長期的に安心して人生を送れるということです。

この両者の雇用形態は終焉を迎えました。実は、わが国特有と言っても、戦後の高度成長時代に生まれた制度にすぎませんから、当然と言えば当然のことなのかもしれません。

総務省の統計（「雇用管理調査」）によれば、企業の50〜60％が実力主義を重視しており、「年功序列」を重視すると答えたのは3％未満です。とくに80年代後半のバブルがはじけた90年代から、その衰退が激しくなっています。

つまり、**欧米型の能力主義に移行する過渡期にあるのが現在の日本**なのです。総合職として企業に入ったということだけでは、将来の年収の保証にも、雇用の保証にもならないということです。

「年功序列」「終身雇用」制度のもとでは、人はサボろうと思えばいくらでもサボることが可能です。年齢で給料が上昇し、それが定年まで保証されていたら、他人よりも余計に働こうと思わなくなるのは当然です。

急激に変化する時代のなか、このような旧態依然とした制度に甘んじることなく、社会に出たならばプロフェッショナルとして自分の価値を高めなければなりません。

30

「能力給」が当たり前の世の中で、誰にも負けないプロフェッショナルを目指す

時代の流れとしては、「年功序列」の報酬制度にかわって、能力・成果に応じて給料が支払われる「能力給」、あるいは欧米で採用されている「職務給」（職務ごとに給与が予め決定されており、働く側は職務を求めて転職を繰り返す）になっていくのは、不可避のトレンドと言っていいでしょう。

つまり、次の3点は、もはや社会人の常識です。

❶ 企業は、一生、安住して働く場所ではないと自覚する

❷ ひとつの能力に秀でたプロフェッショナルになる方向で自分を鍛えていかなければな

らない

❸ 能力の上昇に応じて、納得がいく場所（やりがい、地位、給料など）に移っていくのが自然

企業のなかで部署を転々とするジェネラリストになるより、ひとつの部署で求められる能力を深めていくプロフェッショナルになる時代が到来したということです。

どんなにニッチで小さくても、これだけは誰にも負けないもの、日本一というものが求められている時代になったのです。

今、考えていかなければならないのは、「自分は、何のプロフェッショナルになるのか？」ということです。

31

国内だけではだめ。グローバル化の現実を知る

雇用形態の変化と並んで不可避なトレンドが「グローバル化」です。

たとえば、現在では関税障壁がほとんどなくなり、「モノやサービス」が自由に行き来できつつあります。今後は、欧州連合（ＥＵ）やラテンアメリカ諸国の間で見られるように「人」も国境を超えて自由に行き来できる時代になるでしょう。

そのため、**商品は世界市場に向けて積極的に売っていかなければならない**ということになります。日本の自動車や電気製品は、世界規模で売れています。ＷＴＯやＴＰＰでの合意を踏まえて、農産物まで海外に目を向けて生産しなければならない時代となりました。

他方、売る側ばかりでなく、買う側もグローバル化の影響を多大に受けています。私たちは、生活必需品から娯楽用品に至るまで、日本以外で作られた財やサービスを購入して

います。また、食料自給率は40%前後を推移していますので、食料も60%は海外への依存です。さらに、わが国のエネルギーの自給率はたったの4%で、96%は海外から第一次エネルギーを輸入している状況です。

とくに農業の衰退はよく知られています。わが国の名目GDPは550兆円弱、そのうち、この農林水産業の合計はGDPの2%未満です。最も多い農業で1%程度。農業従事者は約200万人。65歳以上が62%、平均年齢が67歳という状況です。TPPを中心として農産物の関税が撤廃されると、ますます安価な農産物が輸入され、第一次産業の衰退は避けられない事態です。

第二次産業の製造業も同じ傾向にあります。モノを安価に生産したい企業は、生産拠点を人件費の安い発展途上国に移転せざるを得ません。今後はさらに安価で優秀な労働力を求めて、南アジア、東南アジア、アフリカ諸国に生産拠点が移されていきます。

この流れでいくと、今まで国内に存在した「おもしろくて」「高給の」魅力的な仕事も、海外に移動していくことは避けられません。

32

グローバル化において若手ビジネスパーソンがすべきこと

グローバル化のなかで社会人が優先して身につけるべき力は次の3点です。

❶ 海外環境適応能力
❷ 英語力
❸ 専門知識（前述の「プロフェッショナルになる」に通じる）

第1の海外環境適応能力とは、海外での文化の違いや、マナー・習慣に馴染む力です。社会に出る前に海外での生活を経験できれば理想的ですが、難しい場合は外国人の友人をつくるなどで、少しでも国外の慣習・考え方の違いに慣れておきましょう。

第2に、英語力。英語は、実用英語としてはTOEFL100点、TOEICであるならば900点以上を目指さなければなりません。それに留まらず、仕事上では、当然、専門用語を知る必要があります。

また現実的には、文法的に合っているかどうかというよりも、現地の人々とコミュニケーションがとれるかどうかが重要です。日本人が不得意とするウィットやジョークを交えた会話と、専門用語を交じえたビジネス英語の両方を学んでいく必要があります。

第3に、専門知識の習得です。専門性がないと、ニッチに入り込むことができません。専門性があれば、どこの国に行っても需要があります。

たとえば、ミシュランの三ツ星を獲得したこともある銀座の寿司屋さんが、ロンドンに移住しました。国境を超えて、自分の活躍の場を求めたのです。それまでの名声や常連客や収入を捨てて、自分がどこまで成長できるかという限界を知ろうと考えた末の結論だったそうですが、このような突拍子もないチャレンジは「寿司を握る」という専門技術があったからこそ可能だったのです。

やりがいがあって高給な仕事が海外へ出ていくなかで、その仕事を追いかけていけるだけの能力を向上させることが求められています。

33 日本の戦後マクロ経済史をおさえておく①
高度成長期からバブル期へ

社会人にとって、マクロ経済の知識は不可欠です。**経済の動向を知る指標には、完全失業率、日経平均株価、消費者物価指数などがありますが、そのなかで最も重要なものは、経済成長率です。**

わが国の経済は高度成長期から現在のゼロ成長期に推移してしまっています。

1960年から1973年までは「高度成長期」と呼ばれる時代でした。この期間の成長率を平均すると9・7％になります。ほぼ10％の成長率ということは、急成長している現在の発展途上国並みの成長率です。

その後の1973年から1990年までの18年間、経済成長率は半減し、平均4・3％

となりました。1971年8月のニクソンショックを経て、1973年2月にはそれ以前の固定相場制（1ドル＝360円）から変動相場制へと移行したことが要因のひとつです。その後、1985年のプラザ合意を経て、円の価値がどんどん上がって、1ドルが100円未満にまでなったこともありました。

この時期では、95％以上を海外に依存するエネルギー事情の脆弱性も露呈しました。1973年には第一次オイルショック、1979年には第二次オイルショックという、原油価格が4倍以上高騰する事態となり、中東地域の石油に78％も依存していたエネルギー事情により、日本中が大パニックに陥りました。

さらに1985年9月には円高に誘導するプラザ合意に至ったことで、輸出産業が打撃を受けると恐れるあまり、当時の大蔵省はプライムレートを極端に下げました。

そのためにお金が供給過剰となり、そのお金が不動産や株に投資されたことで、わが国は未曾有のバブル経済を経験することになります。1986〜1990年の景気はバブル経済によるもので、本来はあってはならない事態でした。

34

日本の戦後マクロ経済史をおさえておく②
バブル崩壊から低成長期へ

日本の経済は、1991年から現在まで低成長時代となっています。

過熱したバブルを抑制しようとプライムレートは1989年5月から5回にわたり引き上げられました。また、土地関連融資の総量規制などが行われ、そのために高騰した株価や地価は急落、バブル経済の崩壊となりました。

さらに2008年にはリーマンショックに見舞われ、わが国はマイナス3・7%という戦後最大のマイナス成長を記録。1991年から現在までの経済成長率は、平均するとたったの0・9%です。

というわけで、**わが国では今後、経済成長というものは見込めません。**政治家や経済評論家が何と言おうと無理な話です。

現役を引退して年金生活に入るお年寄りが毎年100万人増加しています。公的年金はより若い世代の労働人口によってまかなわれていますので（国民年金は積立ではありません！）、毎年、働く人の財政負担が増えていくということですし、医療や介護といった社会保障についても比例して増大していくので、経済が成長するのは難しい時代なのです。

成長が見込めないということは、私たちの給料も実質的に増えていかないということでもあります。高度成長期のように、ひとつの会社に長年勤めていれば自動的に豊かになるというわけにはいかないのです。

とはいえ、現実には成長産業と衰退産業が明確に分かれています。しかし、現在成長している産業が長期的に安定成長するわけでもありません。衰退の波にさらわれないように、企業、個人ともに俊敏に対応することが求められています。

35

少子高齢社会の現実を直視する

わが国の総人口は現在減少しつつあります。人口は明治維新以降、医療の急速な進歩により急激に増加して、人口の推移は2009年にピークを迎え、現在はゆるやかな下降途上にあります。

しかし、数年のうちに、日本の人口は、歴史上稀に見る最もスリリングなジェットコースター並みの勢いで真っ逆さまに下降していくことがわかっています。

総務省によれば、毎年人口の下げ幅を更新して、このままのペースでいくと、50年後には、現在の1億2700万人から4000万人減って、8700万人になると予測されています。

現在の出生率は約1・4。また、既婚の夫婦の出生率がおおよそ2・0ですので、出生率の低下、少子化問題の根本は、未婚の男女の増加ととらえることができます。

少子高齢化問題が政治、経済、社会に与える影響を知っておくことは、一人ひとりの仕事のうえでも、将来設計のためにも不可欠です。人口減が経済にマイナスの影響を与える「人口オーナス」は、日本の根源的問題です。

少子化が引き起こす諸問題は長期的なトレンドです。

その微妙な変化に何も変わっていないのではないかと錯覚してしまいます。しかし、**現実には着実に少子高齢化問題は日本に悪い意味で浸透しています。**

この問題を逆手にとって、ビジネスにつなげるのもよいし、問題を認識して自分に被害が及ばないように防衛するのもよいでしょう。

何らかの対応は怠らないようにしてください。

36 少子高齢化によって何が起こるかを知っておく

少子高齢化を考える際に重要となる4つの視点があります。

まず、**財政の悪化**について。わが国の財政赤字はすでに1000兆円を超え、さらに毎年40兆円以上の借金を重ねています。この多額な借金は、返済できる額をはるかに超えています（なにしろ20歳以上の人口で割ると一人1000万円あまり）。

いずれこの財政赤字問題は、ある日突然日本全体を震撼させる問題となります。今から自己防衛の方法を考えておいたほうがよいでしょう。

第2に、現在の日本ではすでに4000万人が年金生活者で、さらに毎年100万人以上が年金生活に入ってきますので、**国家予算に占める社会保障は毎年膨らんでいます。**国民年金は、現在では65歳から支給可能ですが、そう遠くない将来には、70歳からの支給になり、現在の国民年金の支給額も減額されることは不可避です。

第3に、「人口オーナス」と呼ばれる、**人口減がもたらす悪影響が地方を直撃している**という点です。過疎化、空き家率の増加、孤独死といった高齢化の問題は地方で顕著に生じるものです。これらの社会問題に対し、地方在住者はとくに注意が必要です。

第4として、少子高齢化がもたらす**経済への影響**です。日本の人口ピラミッドは逆三角形であり、乳幼児に対する市場、子どもに対する教育分野では、今後とも購買力は低下していきます。

他方、介護・終活ビジネス、シニア婚サービスといったようにお年寄りをターゲットとしたビジネスは静かなブームを迎えることでしょう。

ただし、年金生活者になったお年寄りは余剰資産があるわけではないので、景気の起爆剤とはなりませんし、いずれにしろ、次の世代に高齢者となる人たちは、現在のお年寄りのような資産は持っていません。今後とも日本経済は落ち込んでいくことは不可避です。

37

会社組織の成り立ちを知る

会社には、会社法に基づいて、合名会社、合資会社、合同会社、株式会社といったものがあります。ほとんどの人は株式会社という組織で働いているはずです。

マクロの立場から、株式会社の成り立ちと企業というものについて知っておきましょう。

そもそも会社組織の起源は、ローマ帝国時代に共同で目的を達成するために複数人で作業を行う「ソキエタス」という組合にまでさかのぼることが可能です。

しかし、現代のような株式会社の起源は、オランダ東インド会社（１６０２年）となります。

当時、肉の腐敗を防ぎ、料理の調味料として使われた香辛料は、需要が高いわりに入手が困難で、たいへん高価でした。そこでヨーロッパの輸入業者は、船を調達して香辛料を原産地であるアジアの各地域から輸入しようとしましたが、当然、船は沈没することもしばしばで、海賊に襲われることもあり、ハイリスク・ハイリターンだったわけです。

そこで、万が一に備えたリスクヘッジのために、お金持ちが集まって、共同で香辛料取引を行ったのです。ビジネスにかかわった人たちは、資本を出す資産家、東インド会社という現地支店、香辛料を運ぶ船の船長と乗組員などでした。

17世紀とは異なり、私たちは21世紀の高度に発達した企業に就職していますが、基本構造は同じ。**資金を提供する株主、会社の経営に責任を持つ経営者、会社の従業員である会社員**がいます。会社の従業員も、自社の株を保有すると、従業員であるとともに株主にもなることができます。

企業の規模が大きくなればなるほど仕事が細分化されているために、それなりのお金をもらうためにはそれなりの専門的なスキルが必要となります。

モノを売る営業、お金の動きを把握する経理・財務、売れるモノやサービスを開発する商品開発などといった会社の部署に応じて、必要となるスキルを身につけていかなければなりません。そのスキルに応じて給料が決定されていくのです。

38

会社のブランドイメージに対する自分の影響力の大きさを把握する

「株式会社は誰のもの?」という議論があります。

狭義の意味では株式会社の所有者である「株主」です。しかし、代表取締役社長を筆頭とした「経営者」や「従業員」も含まれるべきだといった考え方もあります。

加えて現実には、「系列会社」、銀行などの「債権者」も会社の運営に影響を与えるステークホルダーです。

さらに、広い意味での解釈をするならば、商品・サービスを購入する「消費者」も会社に影響を与えます。そして、会社が位置する場所に居住する「住民」、多国籍化した大企業であるならば、「日本」というブランドも会社に影響を及ぼすと考えられるでしょう。

そのなかでも、とくに現代は一人の従業員の違法行為が会社全体に大きな悪影響を与えるという事例が多々あります。

反社会的勢力に対する利益供与、多額の横領、食品産業であれば産地偽装、さらには品質管理のずさんさを露呈させるツイートなど、毎年必ず問題が顕在化しています。

インターネットの普及、ＳＮＳの一般化によって、従業員の違法行為や誤った行動が瞬時に広まるようになりました。**企業のブランドイメージを急落させる可能性はどの従業員にもある**のです。

会社で働く一人ひとりが、会社に対して大きな影響力があると再確認することが必要な時代となっているということです。

その流れのなかで、企業側が重視している「コンプライアンス」と「ハラスメント対策」を把握しておくことは、会社で働くうえで不可欠な知識です。

39

「コンプライアンス」と「ハラスメント対策」を充分に理解する

コンプライアンスとはもともと「法令遵守」のことです。

ただし最近では、社内規定（会社が組織的に運営されるために従業員が遵守するべきルールを明文化した文書）、業務のマニュアル化（業務の内容の概略を規定することで無駄や不正を防止するルールの明文化）、社内研修といった社員教育システム、企業倫理の遵守などを含む広義の意味で使われています。

一昔前までは、コンプライアンスは経験的に判断されていたのですが、近年は明文化されています。規定・規則といったように法的に明記しておくことで、内外に法律を遵守する会社だとアピールすることができますし、会社と従業員の間で法律問題になるケースが増加したために明文化の必要性が出てきたからです。

どの企業でも服務規程・就業規則が明文化されていますので、会社の従業員になった以上、しっかり熟読しておくことが必要です。

会社は社員に対して、労働契約上の付随義務として職場環境配慮義務、すなわち社員に対して働きやすい環境を提供する義務があり、とくに女性社員の増加や社員の精神疾患の増加を踏まえて、職場環境を改善しようという動きが活発になっています。

企業内の人権の尊重とは、役職の有無、立場の上下があっても、**職場では一人ひとりが、人間として等しく、不当に傷つけられてはならない尊厳や人格を持った存在**であることを確認し、人格を尊重し合うことを基本としています。

上司が部下の人格と尊厳を侵害する言動を行うパワー・ハラスメントや、性に関する行き過ぎた言葉や行動であるセクシャル・ハラスメントは、違法行為です。企業は防止する対策をとるようになっています。

一人ひとりがそれらの被害者になることも、無自覚のうちに加害者になっていることもあり得ます。

企業内ガバナンスの大きな流れのひとつとして、この点を充分に理解しておくことが必要です。

第4章

社会人3年目までに身につけておきたいプロフェッショナルの視点

40

「日常スキル」と「専門的知識」の両方を習得する

社会人として実力をつけるためには、前述したとおり、

・**プロフェッショナルになる**
・**一芸に秀でる**

ことが求められます。

会社に就職してから1〜3年目は、与えられた仕事に追われて全体像が見えないかもしれません。しかし、日々の仕事をこなすだけではプロフェッショナルにはなれません。それでは、本当の意味でプロになるにはどうしたらよいのでしょうか。

どの業界であろうと、どの会社に勤めていようと、会社員としての仕事は、

❶ 仕事をこなす「日常スキル」
❷ 仕事にかかわる理論的理解である「専門的知識」
の2つで成り立っています。

「日常スキル」（以降「スキル」と呼ぶ）というのは日々仕事をこなしていくのに最低限必要な知識と実務運用能力です。

たとえば、経理の仕事におけるスキルとは、伝票を正しく計算して貸借対照表に反映させるということです。貸借対照表の基本的理解、社内における伝票の流れを把握していれば、仕事をルーティン化できます。

他方、「専門的知識」というのは、仕事をするうえで必要となる理論的な知識です。経理関係の仕事を突き詰めると、会計学、企業法、租税法、監査、経営戦略、マーケティング、ファイナンスなどの知識が必要ということがわかります。

スキルと知識があってはじめて、仕事というものが理解できるのです。

41
仕事の本質を理解するための知識、理論を身につける

かつて、ほとんどの人が最初に入った会社に定年まで勤めるのが普通だった時代には、専門的知識よりも会社特有のスキルのほうが重視されていました。

普遍的で理論的な知識を持つよりも、ジェネラリストとして各部署を回って、その会社で仕事を進めるうえで把握しておくべき特有のしきたりや文化、上司のくせや弱点など「会社内力学」とでも言うべきものを効率よく学ぶことが重視されていたのです。少なくとも、それが出世の条件でした。

裏を返せば、どこに行っても通用する普遍的な知識は必要とされていなかったのです。

「会社内の誰にどうつなげば仕事が順調に回るか」という会社特有のスキルは、今でも、日々のルーティンをこなすうえで不可欠でしょう。

しかしこれからは、そうした社内限定スキルのみならず、仕事の本質を理解するための知識や理論が求められます。プロフェッショナルになるとは、ひとつの会社のなかでの処世術を身につけることではありません。

世の中がますます流動的になっていくなか、好むと好まざるとにかかわらず会社を変えなければならない事態に備えるためにも、**普遍性のある専門的知識と理論を習得していくことが必要です。**

42

プロフェッショナルに至るまでのイメージを持つ

プロフェッショナルになる、ということについて、わかりやすくイメージしてもらうために、たとえば、飲食業に就職した人がフロアの仕事をさせられて、ワインの知識が必要になった場合を例に挙げてみましょう。

お客さまにワインリストを渡して注文してもらったワインのコルクを開けて、テイスティングしてもらえばいいというのが最低限のスキルの部分です。

しかし、ワインをサーブするスキルだけでは足りない場面が出てきます。実際には、お客さまから「食事に合うワインを選んでほしい」と言われることも多いでしょう。

その状況に対応するためには、ワインの種類（白、赤、泡など）、ワイン産地の地名といった基本知識から、畑、ブドウ品種、銘柄、格付け、ヴィンテージ、各年の天候や当たり年、食事との相性などなど、覚えなければならないことがたくさんあります。

またレストランに雇われている以上、仕事の目的は収益を上げるということでもあります。店として売りたいワインも考えなければならず、お客さまのニーズとお店のニーズをうまくマッチングさせることも重要です。

このような状況では、ソムリエとしての専門知識が必須で、まずは、ワインスクールに通って勉強するか、時間外にワインの本を読んで自分で習得するしかありません。そのうち仕事にも慣れて、ソムリエの試験に合格し、ミスが少なくなってくると、向上心も湧いて、周辺知識を獲得するようになるでしょう。ワインは食事との相性が重要ですから、野菜、魚介、肉類について栄養学的見地から勉強したくなりますし、チーズやデザートにも興味が湧くはずです。また、ソムリエともなると、休暇を利用してボルドーやブルゴーニュといったワイン生産地を旅したくなるかもしれません。

このような**仕事の周辺にある専門的知識まで学ぶようになったら、本当の意味でプロフェッショナルの誕生です。**これこそ、あなたがなるべき姿です。

43

つねに経営者の視点を持って働く

会社員として組織のなかで働くのであれば、一人ひとりが経営陣としてプロフェッショナルになるということが求められます。すなわち、「経営力」を習得するための専門的知識や実践が必要です。

会社で働く以上、昇進して役職を得る前に、理想的には新入社員の頃から、経営者の目線を持って働いてください。

とはいえ、最初にイメージできるのは、課長でしょうか。将来、何人、何十人いる候補者のなかからあなたが課長という地位にふさわしい人として選ばれるためには、任命される前にその地位にふさわしい考え方と知識を持っていなければなりません。

そのためには経営に関する専門的知識の習得が必須となります。

そして、知識に留まらず、日々の仕事においても自分に与えられたルーティンを超えて、

「もし自分が課長（部長、社長）だったらどのような意思決定をするだろう」という経営者としての視点を持って日々考え、行動することです。

経営者目線とは、課全体のためにはどのような発想が求められるのか、部単位において、所属する課の果たすべき役割は何か、さらには会社全体の収益を上げるためにはどうしたらよいのか、という個人を超えた視点を持つことです。

器の大きい発想を持てるのかどうかが、経営者としてプロフェッショナルになれるかどうかの分かれ目になります。

44

「失敗」しても、自分自身に言い訳しない

誰でも新人のころは毎日ミスばかりです。しかし、「七転び八起き」とか「試行錯誤」という格言があるとおり、先達も何度となく失敗してきたので、ご安心を。

とはいえ、失敗したらそのままでいいというわけではなく、原因を究明しなければなりません。しかも、なるべく早くです。時間が経つと失敗の事実さえも忘れてしまいますから、失敗から学ぶという行為ができなくなってしまいます。

他人の介入がなく、自己完結する場合において失敗したとき、原因は当然自分にあります。しかし、自分を責めるのは痛みが伴います。そこで失敗の原因を他になすりつける場合があります。この心理的罠を心理学用語では、「認知不協和」と呼んでいます。

認知不協和とは「達成したい理想があるが、現実的に達成できないと思ったときに、もっともらしい理由にすり替えて、自分の痛みを軽減しようとする心理」です。自分を正当

化することによって、罪の意識を軽減したいという心理が働いた結果と言えます。

認知不協和を解消しようと自分に嘘をつき、失敗の口実をつくることに慣れてしまうと、際限なく自分を正当化し、失敗を何度も繰り返すことになります。

重要な会議に遅刻してしまったときに「電車が人身事故を起こしたから」とか、プレゼンがうまくいかなかったときに「風邪を引いていたから」といったような口実を使うのであれば、社会人として不合格です。

しかし、不合格の烙印を押されても認知不協和により自分の心のなかで正当化してしまうと失敗から学ぶことができません。結果、再び同じミスを犯すことになります。

自分の失敗から学ぶためには、以下のことに気をつけなければなりません。

- **自分に嘘はつかない**
- **失敗に実直に向き合う**
- **精神的につらくても、失敗の原因を調べて、将来の糧とする**

45

チームで仕事をする場合は、自分のルーティン以外の仕事も行う

チームで仕事をするような場面では、一人で仕事をする場合よりも、失敗する確率が高くなりますし、失敗の原因が明確でなくなります。

たとえば、チームの目標が明確でないと、方向性がわからずメンバーが四方八方バラバラに動くという事態になりがちです。仕事のペースが遅い人がいると他のメンバーに迷惑がかかったり、仲良しグループになると緊張感が喪失したり、チームのメンバーが多すぎると生産性が減少したりということになります。

このような失敗を防止するには、上司のリーダーシップが必要です。

チームの一丸性が必要な場面であればあるほど、仕事を細分化して、責任の所在を明確にしておく必要があります。失敗や成功の際の責任をはっきりさせることで個々の能力が

発揮できます。
そして、**仕事上で分業体制が確立された後にはじめて、自分の持ち分を超えた仕事ができるようになります。**仕事の境界線があいまいだと、失敗の原因が明確でなくなるだけでなく、自分の業務の枠を超えて行った仕事が評価されません。

境界線が明確に引かれているチームで、他の人が忙しくて困っているときや、上司に緊急の仕事が降ってきて、それを誰かに割り振りたいと思っているときに、あなたが喜んでやりますと言えば、上司から見ると「役に立つ存在」となります。

自分の仕事のルーティンをこなすというのは、いったん確立されてしまうと、組織から見るとできて当たり前、失敗はするなという減点方式で評価されてしまいます。加点がほしいときは、チームのメンバーや上司が困っているときに、彼らの仕事を進んでやるべきなのです。

ここで、処世訓的なことをお話しすれば、分業体制が確立する時点で自分の割り当てをいかに少なめにできるかが重要です。最初から目いっぱい仕事が割り当てられてしまうと、緊急の仕事ができる余地はありませんから。

46

あらゆる人から情報を収集する

社会人となったら、自分の職場において仕事全体の動きに関する情報を収集することが重要になります。

情報収集の基本は質問です。まさに「訊くは一時の恥、訊かぬは一生の恥」。**明るく、謙虚に、気持ちのよい社員になって質問してください。**

いやいや質問してきたり、せっかく教えてあげても飲み込みが悪かったりすると、答えるほうもやる気が失せてしまいます。

教えてもらったことは一度でしっかり吸収し、できるだけ二度目は聞かなくてもすむようにしてください。

また、仕事は流れ作業の一部ですから、前後に別の仕事をしている人たちがいて、それぞれに要求されるスキルがあります。それを理解し、会社の全体像を把握するのが賢い情報収集です。

情報収集すべき人は、企業の規模が大きくなればなるほど多くなります。仕事の流れの前後に所属する同僚社員、上司、先輩社員、一般職社員、前任者など、数えればきりがないはずです。

情報源としては、ビルの清掃係のおばさんや会社役員の運転手もチェックしておきたいところです。

清掃係の方はトイレの清掃やフロアをきれいにしながら、社員の会話を耳にする機会がありますので、仲良くしておくと思わぬ情報を入手できます。

取締役級の運転手も情報の宝庫です。気心が知れるようになると、派閥の抗争や上司のプライベートの情報まで聞き出せることもあります。

有効活用できる人はすべて役立ててください。

47

「見かけ」の良さに気を配る

仕事においても、五感的魅力のひとつ「見かけ」の良さが不可欠です。身だしなみを整えることは、五感（視覚、聴覚、嗅覚、触覚、および味覚）で最初に来る視覚に訴えるもので、見かけで合格しないと、次の会話につながっていきません。

私たちは第一印象を形成するのにたった0・15秒しか使いません。

いったん第一印象が形成されてしまうと、それを覆すのに多くの時間が必要となります。ビジネスの世界では限られた短時間の間にいかに相手を惹きつけるかが基本ですから、その意味でも見かけを良くすることは、ビジネスの世界では成功の秘訣です。

逆に、見かけが悪いと第一印象で損をして、次の会話がスムーズに運ばないといった危険性があります。

見かけのうえで容易に改善できるのは、「衣服」と「顔」です。

第1に衣服の向上。

私たちは身体の大部分を衣服で覆い隠しています。入社したてのときは、衣服の数を揃えるのに苦労しますが、徐々にでよいので、品質に優れたものを揃えていきましょう。

第2に「顔」。

まずは笑顔が大切。初対面の会話は「はじめまして」から入りますが、好感度が上がる笑顔が重要です。

48 今日できることを、明日に延ばさない

「今日できることは明日に延ばすな」とよく耳にします。しかし、これが難しい。後回しにできるものは後回しにしたいと思うのが人間です。

仕事の場面では期限がついているものから片付けるのが常識です。しかし、期限がついていなかったり、上司から「いつでもいいから」と言われたりするものに対しては、先へ先へと延ばしてしまうものです。これは「先延ばし」（Procrastination）といって、「PCN症候群」と呼ぶ場合があります。

プライベートの場面では、給料をもらってすぐ使いはじめる人（先を考えず目前の快楽のために浪費する）や喫煙する人（短期的・中期的に口が臭くなり、長期的にはガンになって寿命を縮める）など、人生において失敗する場合にも使われている心理学の専門用語

です。アメリカのデュポール大学の心理学者、ジョセフ・フェラーリ教授は、成人の約20%は「恒常的に『先延ばし』をしている」との結果を発表しています。

上司からの「先週頼んだ書類、どうなった?」に対して、部下が全然手をつけていなくても「今やっているところです」と答え、上司に「1週間前に頼んだはずだけど。なんでできていないの?」と切り返されると、適当な理由をつけて自己弁護する……さまざまな職場でしばしば見かける場面です。

この問題の解決策は、冒頭にあるように「今日できることは明日に延ばすな」をモットーにすることです。

次の項から、比較的容易かつ有効性が高い10の解決策を紹介します。

49 先延ばししないタイムマネジメントの秘訣①〜③

❶ 一歩目を早く

仕事が配分されたらとにかく「一歩目を早く」です。仕事は期限が決まっているわけですから、一歩目を早く踏み込めば、全体像をつかんで、どのくらい時間配分すればよいのかの目安をつけることができます。目安をつけたら、スケジュールを期限から逆算して予定を立てることで、期限内に終了することが可能となります。

❷「認知不協和」に陥らない

「来週月曜日までにやらなくてはならない仕事がある。でもやりたくない仕事である。確かにまだ何も手をつけていない」という状況では、確実に前述の「認知不協和」に陥ります。やるべき理想と、やっていない現実が存在するのです。

典型的な例としては「まだ時間があるから大丈夫」「まずは机の上を掃除してから」など自分を正当化して現実逃避する場合が散見されます。

嫌な仕事に直面したときこそ、やらなければならないものに実直に向き合いましょう。

❸ 今日やることをリストアップして紙に書く

懐石料理や結婚式の披露宴の食事では、その日に提供されるメニューがテーブルの上に置かれていたりします。胃袋と心に準備をさせる方法です。

それと同じように、今日やらなければならないことを箇条書きにして1日の流れをつかみ、その後一つひとつ潰していけば、効率的に仕事をこなしていけます。

50

先延ばししないタイムマネジメントの秘訣④〜⑦

❹ 自分にアメ（報酬）を与える

「今日やらなければいけないこと」のリストをひとつ達成したら、自分にご褒美をあげましょう。緑茶一杯でも、ケーキひとつでもよいです。午前中、大仕事を終えたらお昼ご飯を５００円分豪華にするというのも有効です。

たいへんな仕事をしてムチで叩かれた分、アメを与えて自分を癒しましょう。

❺ 大きなゴールは、手前の途中に、マイルストーンをもうける

大きな仕事の問題点はゴールが見えないこと。終点が見えないと、やる気が出てこない

ものです。ひとつの方法は、中間地点いくつかにマイルストーンをもうけること。そのうえで、ゴールが見える位置まで早くたどりつくことが重要です。

❻ やりたくない仕事を細分化する

小さい仕事ならば、すぐに達成できますが、大きな仕事となると先延ばしが発生してしまいます。逆に、大きな仕事は細分化し、小さな仕事にすれば対応可能です。そのなかでもやりたいものとやりたくないものがあることでしょうから、やりたいものを先にやって大きな仕事の量を減らしていけば、ゴールが見えてくるものです。

❼ いきなり100点満点狙いではなく、80点狙いにする

一つひとつに100点満点をとる方法では、いつまで経ってもゴールが見えてきません。うまくいきません。80点、場合によっては60点くらいの出来にして、次の仕事に取り掛かるのが得策です。1度手をつけておけば、再び戻って80点を90点に、90点を100点にすることが可能となります。

51 先延ばししないタイムマネジメントの秘訣⑧〜⑩

❽ 有言実行する

自分がすべきことを、宣言しましょう。公に自分のこれからすべきことを宣言することで、自分を拘束することになり、先延ばしを防ぐことができます。

❾ 同僚と賭けをする

ゲームのように勝負ごとにし、今日の仕事が午後6時までに終わるかどうかを、隣りに座っている同僚と賭けることで、強制的に仕事に取り掛かる状況をつくります。翌日の昼ご飯をどっちがおごるかを賭ければ、たとえ負けたとしても安いものです。

やる気を醸成するという意味ではこれ以上のものはありません。いわゆるひとつの互助会システムの構築です。

⑩ 期限を前倒しする

上司への提出期限が15日の正午だったら、自分への期限をその前日の14日の正午にしておきましょう。期限を自分で早めに設定しておけば、上司への期限に遅れることはありません。むしろ、早くやっておいていつでも提出できる態勢にしておけば、上司からの「1週間前に頼んだ書類、どうなった?」に対して、「もうできています」と返答できることになります。

以上❶〜⑩のような行動ベースの解決策によって、先延ばしを防止することが可能です。

それでも先延ばしをする人は、先天的な問題を抱えている可能性があります。

とくに注意欠陥・多動性障害(ADHD)の人は時間を守れないことを自分の責任として悩んでしまうこともあるので、まずは医者に相談するのが最善です。

52 会社を辞めたくなる2つのパターン

サラリーマンである以上、「こんな会社、辞めてやる!」と思うときが際限なくあるものです。どんなに大きな会社の社長だろうが、小さな町工場の社長だろうが、若かりし頃は何度も「辞めてやる」と思ったはずです。

この世の中に辞めたいと思ったことのない会社員（社長も）なんていません。

仕事が原因で辞めたいという場合のひとつは、**与えられた仕事の内容が高度で、自分の能力が追いつかない**と思うときです。

入社して3年目くらいまでは、仕事で求められる能力に自分の能力が追いつかず、ミスばかりしてつらいという状態が続くときがあります。原因究明をせずに、失敗から学ばない場合もありますし、そもそも「仕事偏差値」が高すぎて、短期間でどんなに努力をしても要求水準を満たせない場合もあります。

仕事を好きになれないと忍耐レベルが低くなってしまうことから、ミスをしたり上司に怒られたり会社の人間関係がうまくいかなかったりしたとき、会社を辞めて逃げることで解決を図ろうとする場合もあります。

他方、仕事で要求されるスキルを学び、仕事に関する知識を充分につけ、資格試験に合格したりして、目に見える形で自分の能力が「仕事偏差値」を上回る状態になると、**仕事に対する充実感や満足感が減少して、仕事に飽きる**ようになります。

このような状態になると、会社側が本人を昇進させたり、配置転換をしてさらに新しくチャレンジングな部署に異動させたりするものです。

しかし、そのような機会がないと、会社を辞めることで解決を図ろうとします。

会社を辞めたくなったときには、自分の能力と仕事で求められる能力のバランスについて一度考えてみてください。

53 辞表を提出する前に転職活動を行う

会社を辞めるか留まるかの意思決定は真剣に考えなければなりません。

仕事で求められる能力に自分の能力が追いつかず辞めたいと思った場合、新しい仕事を見つけてから辞表を提出するべきです。辞表を出してから仕事を見つけようと思っても、そう簡単によい職場が見つかるものではありません。

なぜならば、現在の仕事に対し自分の能力が低い場合、次の仕事は現在の仕事よりも要求される能力が低い職場を選ばなければならないからです。求められる能力が下がる分、基本的には給料も低いという前提で探すことになってしまいます。

自分の商品価値を再査定してもらうべく転職活動をしてもよいですが、内定を勝ち取って、その内定先と現在の仕事を比べてはじめて、辞めるかどうかの意思決定をする必要があります。選択肢のない退職は避けるべきです。

他方、自分の能力が高くて現在の仕事に満足できない状況の場合、転職でより高い給料とより高度な仕事とより魅力的な職場を目指しても問題ありません。

ただし、問題は「自分の能力は高い」というのが思い込みである可能性もあるということです。

自分を過大評価したまま会社を辞めないために、次の2つのことを実践してください。

まず、前述のように、**転職先が見つかってから辞表を出す**ことです。転職活動をする過程で、自分の能力がどの程度他社に評価されているのかわかり、自己評価と他社評価の齟齬がないかはっきりします。

もうひとつは、繰り返しになりますが、**日頃から資格試験といった客観的な評価を積み重ねる努力をしておく**ことです。

自己評価は主観的なものですが、国家試験や検定試験といったものに合格しておけば、ある特定の部分では自分の能力を客観的に判断できます。こちらも主観的評価と客観的評価の齟齬を解消させる方法です。

第5章

秘密の補講
ワンランク上を
目指す人のために

54

ハイリスク・ハイリターンを選択する

社会人として身につけておくべき基本は、第４章まででお伝えしてきました。最後におまけとして、ワンランク上の社会人を目指す方へ向けた考え方をお伝えします。

自分を信じてワンランク上を目指す道は容易ではありません。とてもたいへんです。でも、トライする価値はあります。

ワンランク上のビジネスパーソンになるためには、２つのうちのどちらかの道をとらなければなりません。

ひとつは人生のどこかでハイリスクをとること。もうひとつは、一点集中投資をして成功することです。

まずは、ハイリスク・ハイリターンをとる方法です。次のような人生の選択肢があるときに、あなたはどれを選びますか？

A　１００％の確率で、３００万円もらえる。
B　50％の確率で、７００万円もらえる。
C　10％の確率で、４０００万円もらえる。

保守的な人は１００％の確率で３００万円もらえる選択肢Aを選ぶはずです。

しかし期待値で言えば、選択肢Cに合理性があります。これまでの章で説明したのと同様、金額に確率をかければ、Aは３００万円、Bは３５０万円、Cは４００万円ですから。

とくに再挑戦が可能な状況だったらどうでしょう。たとえば、５回挑戦ができたら、選択肢Aをとり続けますか？　選択肢Aはつねに３００万円ですが、選択肢Bは、５回挑戦する場合には、２・５回は７００万円がもらえ、選択肢Cの場合には40・９５１％の確率で当たります。

再挑戦が可能な状況では、リスクが高くても期待値が大きいほうをとるのが賢明です。

55

周囲の圧力に負けず、ハイリスクを選び続ける

ハイリスクを選択する際に、ひとつ問題が生じます。それは失敗したときに精神的なダメージを受けるということです。

先ほどの選択肢Cを選んだとしましょう。そこで残念ながら10%のなかに入れなかったとします。すると、「やっぱりダメか」と、そのときの精神的ダメージが大きくて再挑戦を諦めてしまう危険性があります。そして、「私が間違っていた。無謀だったかも」と思い、2回目では100%確実な300万円の選択肢Aをとってしまうのです。

1回目に選択肢Aをとった保守的な人はあなたに対して「ほら、見てみろ。無謀なことをするから、こんな無様な姿になるんだ。よく覚えておけ」と勝ち誇ったように言ったりします。子どもを気遣う親としても、失敗した子どもの苦痛を見ていられませんので、「そ

んなバカなことはやめて、まじめに生きたらどうだ」と諭してきます。親自身の価値観を押しつけてくるわけです。

このような**周囲の圧力に負けないで、2回目、3回目もハイリスク・ハイリターンの選択肢をとれるのかどうか、それが、その人生を決定します。**精神的に強くなくてはハイリスクを選ぶことはできないのです。

しかし、逆に言えば、リスクをとる強ささえ持てば、**「確実に」**選択肢Aを上回ることができる、ということです。

たとえば、再挑戦の機会が100回与えられれば、選択肢Cの場合には確率的には10回当たることになりますので、トータル4億円になります。選択肢Aは100回の挑戦で100回当たるのですが、3億円にしかなりません。選択肢Bは50回当たる確率ですので、3億5000万円となります。

56

根拠のない自信が、人生の大きな武器になる

精神的に追い詰められても、前項と前々項に出てきた「選択肢C」をとり続ける精神力とは、どのようなものなのでしょうか？

それは結局、自分に自信が持てるかどうかです。

そんなこと言われても、いつか必ずできる、なんて自信がないから迷うんじゃないか。抜きん出て頭がいいわけでも、家がお金持ちなわけでも、眉目秀麗というわけでもない、リーダーシップがあるわけでもない……ひょっとしたら、そんなふうに思っている人もいるかもしれません。自信を持つには、それなりの資質と実績が必要だと。

結論から言えば、自信に、根拠は必要ありません。

ソフトバンクの孫正義さんが、はじめて会社を作ったとき、アルバイト二名しかいない従業員の前で、リンゴ箱に乗って、「5年後、わが社はパソコンソフト流通のトップに立つ」と演説したという逸話を聞いたことがあります。

客観的にまったく同じ条件でも、自信のある人とない人がいます。もともと、自信に、根拠なんてないのです。この、根拠なき自信、この無謀な自信が、人生でとてつもなく大きな武器になります。

少なくとも、確実に言えるのは、失敗すればそこから学ぶことが可能だということです。それによって、再挑戦したときの確率を飛躍的に増大させることができるということです。

1回挑戦して失敗してから学ぶことによって成功率を50%押し上げると仮定すると、1回目は10%の成功率でも、2回目は15%になり、3回目は22・5%になります。失敗から学ぶ経験値を50%と仮定すれば、5回挑戦すれば50%を超えることになるのです。

ハイリスクを選ぶ自信をもち（根拠不要）、失敗から学習する（必ず行う）ことが、ワンランク上のビジネスパーソンの第一の特徴です。

57

他のものを犠牲にして一点に集中投資する

この章の最初にお話ししたように、ワンランク上を目指すには、もうひとつの方法があります。

それは、**自分の持つ投資原資を一点に集中させて投下する**ことです。

投資原資とは、お金、時間、労力です。通常は、自分がしたい複数の行動のなかに、この3つを適宜配分させます。それが普通の人の生き方です。

しかし、ワンランク上を目指す場合、大きな夢が見つかったら、他のものを犠牲にして一点に集中し、目的達成に向けて行動しなければなりません。

たとえば、もし仕事をしながら公認会計士の国家試験に合格したいと一念発起したら、趣味や恋愛はしばらく犠牲にし、公認会計士になるための予備校に通い、仕事が終わったら直帰して、睡眠時間を削って合格のために勉強しなければなりません。

当然のように、合格には100%という確実性がありません。ですから、一人きりの孤独な戦いのうえに、投資のうえのリスクもとらなければならないという二重の難しさがあります。リスクテイカーであると同時に、孤独に耐えるという精神的なタフさも求められるということです。

ただし、苦労は一生続くというわけではありません。合格するまでのほんの数年といったところです。体力があり、頭が柔軟で、比較的時間もある20代でこそ可能な挑戦です。

人生一度きり、ぜひ果敢に挑戦してみてください。

58

まずは今の仕事で専門性を磨く

今のあなたは、社会人としてはまだまだ未熟者の部類でしょう。まだ本質的目的を見つけられていないでしょうし、目的を遂行するための目標も何も達成していません。仕事における能力も、その仕事が持っている偏差値と同じくらいか、下回っている状態です。専門的知識の習得もまだ不十分なはずです。

しかし、将来的には、本質的目的が見つかって、目標を立てて達成することができるようになります。仕事にかかわる専門的知識も充分すぎるくらいに持つことでしょう。与えられた仕事を自分の能力が上回り、昇進や昇給・やりがいが追いつかないで不満に思うようにすらなるかもしれません。

「ひとつの井戸を深く掘れ」という格言があります。ひとつのことに集中してとことん突き進むと地下水に突き当たることができます。

確実に言えることは、今、勤務あるいは内定している会社には、業界内で一定の必要性があり、そのニッチに入って仕事をしている（しようとしている）のが今のあなたということです。つまり、すでに専門性を習得しつつあるという状態です。

会社に採用されたのは、あなたに見どころがあったということです。あなたに将来性があると会社の人事が判断した、ということです。

だったら、これからの人生、転職するにしても、会社に残って専門性を磨くにしても、とりあえず今の仕事にプロとして独自のニーズを築けるかどうか、見極めてみるのが得策ではないでしょうか。

少なくとも3~5年は今の仕事で本質的目的を遂行し、その後に、自分の将来を真剣に考えてみるのが賢明な生き方です。

最終的には、**幸せな人生とは、仕事の延長線上における自己実現という形になっていく**と言えます。

59

アメリカでのMBA取得を検討する

ビジネス界でワンランク上を目指すにあたり、MBA（経営学修士号）について考えてみるのもいいと思います。

経営学の分野ではアメリカが圧倒的に抜きん出ています。ハーバード、イェール、プリンストン大学といったアイビーリーグ、西海岸ではスタンフォードやカリフォルニア大学といった名門大学があります。修士号の後には博士号という選択肢も出てきます。

しかし、厳しい入学条件もさることながら、大学院進学を躊躇する最大の理由は授業料です。近年、アメリカの大学院の授業料は高騰して、たとえばハーバード大学のMBAプログラムの場合には、年間の授業料が8万ドル（約800万円）、寮に入ると仮定してその寮費と食事代でさらに2万ドル、合計すると日本円で1000万円が必要となります。MBA取得には2年かかるので、総計では2000万円となります。入学したところで卒業できる保証がないので、ハイリスクな投資です。

しかし、もしハーバード大学のＭＢＡを取得できれば、通常の会社員とはまったく異なる給与体系で働くことになりますから、２０００万円はすぐに元が取れます。したがって、初期投資できるだけの財力があるかどうかが問題となります。

お金が理由で留学を諦めるというのは実にもったいないことです。この際、親に頼むか、学生ローンを組むか、あるいは、大きな総合大学では必ず日本語学科が設置されていますので、日本語の助手をすることで授業料を免除してもらうこともできます。一流の大学に行く学力があれば、民間の奨学金制度を利用して大学院を卒業することも可能です。

ただし、その場合でも最初の1年分の授業料くらいは持参して留学したいものです。お金の備えが万端だと、憂いが少なく勉強に集中できます。海外で最も頼りになるのはお金ですから。

60

政治に関心を抱く

ワンランク上の社会人を目指す以上、政治に無関心ではいられません。わが国は、政治制度として間接民主主義を採用していますので、政治は誰か他の人がやってくれるものという感覚になりがちですが、政治家は有権者が選ぶものなので、私たち自身が政治に関心を持っていることが重要です。

少なくとも、**給与から差し引かれている所得税や地方税といった税金がどのように使われているのか、もう少し関心を持つべきです。**その税金、つまり私たちから強制的に徴収された「年貢」が正しく使われているのか、それとも無駄になっているのか、無関心であってはいけません。

結婚して子どもができれば、子育てや子どもの将来について関心が向き、教育問題にも関心が出てくるようになると思いますが、その際、その子どもが生きる社会にもより関心と責任を感じるようになるはずです。それらをつくる現在の政治に、今から関心を持っておきましょう。

政治に関心が向けば、自分の持つ1票の重さを自覚し、政治的な知識も増えて、投票所に足を運ぶ可能性も高くなります。

わが国の人口ピラミッドは逆三角形で、そのため若者の人数が少ないのに加えて投票率も低い（他方、お年寄りは人数も多く投票率も高い）ので、選挙区において命がけで当選を目指す政治家にとっては、若者への予算配分は薄くして、実質投票数の多いお年寄りに手厚くという政策を行うことになります。

私は2009年に『若者は、選挙に行かないせいで、四〇〇〇万円も損してる!?』（ディスカヴァー携書）という本を書きましたが、現在では4000万円どころか、最も多く得をしている1945年以前に生まれたお年寄りと1984年以降に生まれた次世代有権者との差は1億円を超えているという試算もあるくらいです。

若い層の政治的無関心は、若い人たち自身に直接的にかかわってきているのです。

61

自分が政治に影響を与える人物であると自覚する

政治に関心を持つために、まずは関心のある分野を探してください。仕事に関係したことなら景気の動向や経済問題や雇用問題になりますし、もし外交に興味があるならば、防衛問題や二国間外交、国際機関を通じた多国間外交になります。国会議員になっても、すべての政治問題に精通しているわけでは決してありませんので（単に知っている振りをしているだけです）、自分が関心を持つ領域にのみ特化して知るということで充分です。

そもそも日本の国政は、選挙によって選出された代議士が行っています。

代議士とは自分の選挙区で当選してなれる職業なので、基本的には国益よりも自分の利益を考えて政策を打ち出すものです。各選挙区で事情が異なりますが、たとえば農村部では、第一次産業従事者、建設業者、自営業の方々、お年寄りで過半数を超えますので、農業を保護し、公共事業を誘導し、「お年寄りが安心して暮らせる地域づくりを！」と訴えかけます。

他方、都道府県の一区のような都市部では、規制緩和、税制改革、法人税減税といったような政策をアピールしたほうが当選する確率が高くなりますので、玉虫色に書かれた所属政党のマニフェストを拡大解釈したり、メリハリをつけてアピールしたり、ときにはマニフェストには反対だと明言することで、自分のカラーを出していきます。

とにかく代議士の目的は当選することです。当選しなければ、多大な借金をかかえた失業者になってしまいますので、政治家は命がけで当選を目指します。

ワンランク上の社会人になれば、いずれこのような政治家と直接的に知り合いとなり、自分の考えをアピールできる立場になることも可能です。地方政治や国政に影響を与えることができるのです。さらにはあなた自身が政治家になることもあるでしょう。

若い頃から政治が国民に与える影響を知り、自分が政治家を通じて影響を与える人物である自覚が必要です。

その意味でも、今から政治の仕組みを学んでほしいと思います。

62

歯とにおいに注意する

ワンランク上を目指すなら、今からそれなりのプレゼンスを考えていくべきです。服装や髪型、話し方や歩き方などについては、多くの本も出ているので、ここでは、そうした実用書には出てこない、しかし、一流ビジネスマンには必須のひとつの条件をお話しします。

それは、「無臭」でいることです。

ニンニクを食せば臭くなるし、喫煙をすればこれも悪臭を放ちます。喫煙している人は禁煙を考えるだけでなく、食事においても、においの強いものは極力避けるべきです。

と同時に、歯の手入れ不足による口臭にも要注意です。口臭の原因となるものは、細菌の集まりである歯垢、歯石、硫黄臭のある虫歯、肝機能低下によってもたらされるネズミ臭などで、数えあげたら際限がありませんが、すべて口から発せられる悪臭です。

厚生労働省のデータ（「平成23年歯科疾患実態調査」）では、20代前半でまったく虫歯がない人は10人に1人、20代後半では20人に1人しかいません。20代では半数近くが、仕事が忙しいとかお金がかかるなどの理由から、虫歯と口臭のひどさを放置しているようですが、**虫歯を治療し、季節ごとに歯のクリーニングに行くのは当たり前のことです。**

さらに、虫歯がない人でも歯周病によって口臭が発生している場合があります。定期的に歯医者に通って検診を受けてください。

また、たとえ口臭のない人でも、歯並びの良くない人は、歯科矯正が必須です。とくに、欧米社会では、歯並びを悪いままにしていると、下層階層と見なされます。アメリカに赴任したら（赴任が決まったら）、まず、歯をハリウッドスターのように美しく矯正するビジネスパーソン（とその家族）も少なくありません。

縄文系の細い顎に弥生系のサイズの大きい歯を持つと、歯並びが凸凹してしまうことがあります。できれば10代のうちに矯正したいものでしたが、20代でも遅すぎることはありません。

63 「食」をビジネスに活かす

ワンランク上のビジネスパーソンにもうひとつ、共通しているのが、「食」へのこだわりです。

❶ 味覚を鍛える

ワンランク上の社会人には、おいしいものが「わかる」能力が求められます。**接待などにおける会食のお店選びで味覚は必要不可欠な能力**なのです。

味覚を鍛えるには、おいしいものを食すること、それ以外にありません。味蕾を適度に刺激してくれる食べ物は高価ですが、たまには少し背伸びをして質の高い料理を口にしてください。会食用のお店の下調べにもつながります。

❷ 栄養に気を配る

中国に「医食同源」（薬食同源）という言葉があります。栄養のバランスのとれた食事をすることによって、病気を防止することができるという考え方です。

安かろうまずかろうの食事は、そもそも身体に悪影響を与える食品添加物が大量に加えられているので、なるべく避けるのが賢明です。自分で料理を作るのが最も安全です。また、自分で料理ができるようになれば、食に対してより興味を持つことができます。

❸食事のマナーを覚える

地位が上がっていくにしたがって、いろいろな機会に食事を通じたビジネスをすることになります。そこでの食事のマナーをおさえておくことは必須です。

基本となるのは箸の使い方です。お箸の使い方ひとつで、育ちがわかります（わかってしまいます）。生の米粒をひとつのお皿から別のお皿に箸を使って、2分間で60粒移動させることができたら合格。小骨の多い煮魚でも上手に食べることができる人を目指しましょう。

海外の出張先で現地の食事をする場面もあることでしょう。各々の料理にはマナーがあります。そのマナーを事前にしっかり習得しておきましょう。

64

人生は幸福と不幸の繰り返しと考える

本書も、そろそろおしまいに近づいてきました。そこで、いよいよ本論に入りたいと思います。そう、人生の成功について、すなわち、幸福についてです。

そもそも幸福とは何でしょうか？

「幸せ」とは満足した状態で、満足した状態というのは、満足を消費しているということです。したがって、経済学で言う「限界効用逓減《ていげん》の法則」が当てはまり、日々幸せを消費するにしたがって、満足度は減少し、幸福を感じなくなります。

すなわち、これからの人生、希望の企業に勤めるからといって、お金持ちになったからといって、昇進したからといって、素敵な異性と結婚するからといって、ずっと幸せでいることはできない、ということです。

短期、中期的な目的を定めて、達成していく、それが自己成長する方法です。

達成することができれば、幸せを感じることができます。なにしろ、期待をポジティブに裏切られることほど幸せを感じることはありませんから。

目標を定めて成功する確率が90％の場合と10％の場合では、10％の場合に成功したほうが、幸福度がより高いものとなります。

しかし、いったん幸福が自分のものになると慣れていき、常態化し、最終的には幸福感は消えていきます。**人生というのは、幸せをつかみ、つかんだ幸せが消え、また別の幸せをつかみ、また消えていく、この繰り返しなのです。**

ここで人の真価が問われるのは、幸福と不幸を繰り返すなかでの、不幸のサイクルに入ってしまったときです。

目先の不幸や失敗の落胆を顔に出してはいけません。いずれ成功するのですから、不幸の最中でも言葉にすることなく、毅然とした態度でいたいものです。

65 自分の幸せを周りに伝染させる

「幸せは伝染する」という研究結果を発表したのは、ハーバード大学のニコラス・クリスタキス教授とカリフォルニア大学サンディエゴ校のジェイムズ・ファウラー教授の2人です。クリスタキス教授ら（鬼澤忍訳『Connected（つながり）』講談社、2010年）は、5000人近くの追跡調査を行った結果、**自分の幸せは、「友だちの友だちの友だち」といったように3段階にまで拡散する**ことを発見しました。

クリスタキスらによれば、平均値として、あなたの「友だち」が幸福だと、あなたは約15％幸福になるそうです。さらに「友だちの友だち」でも約10％、「友だちの友だちの友だち」といったように3次の波及でも約6％幸せになります。4次以降の波及はありません。

幸せの伝染度は、肉親か友だちか、距離がどのくらい離れているかでも変わってきます。

親きょうだいと同居している場合には、幸せが伝染する可能性は8％増加、近所に住む親きょうだいでは14％増加する、としています。

肉親の影響より友だちや隣人の影響のほうが大きく、幸せな友だちが1・6キロ以内に住んでいる場合には自分の幸福は25％増え、隣人の場合には34％増加するとのことです。ただし、仕事上の同僚には波及しないとのことでした。

幸せが伝染するという発見は、人生の生き方を考えるうえで、どのような教訓を与えてくれるのでしょうか？

まず、**あなた自身が幸せでいることが重要です。**自分が幸福になれば、周りの人々も幸せにすることができるのですから。

あなたが友だち5人と女子会なり男子会を開いたとすれば、あなたの幸福が5人に大きな影響を与えます。その5人が別の友だち5人と同じような機会を持てば、25人が幸福を感じ、さらにはその25人が各々5人とつながっていれば、125人まで、あなたの幸福が伝染していくのです。

周りの人たちを幸福にするためにも、まずは自分が幸福になりましょう。

66

友人は慎重に選ぶ

幸福が友だちと、その友だちにまで伝染するとなると、どういう友だちを持つかも重要になってきます。が、それ以前に、そもそも友だちを持つこと自体が重要です。クリスタキスらによれば、私たち人間は1年のうちで、平均すると48日も孤独を感じる日があるそうです。だいたい1週間に1度の割合です。かなり多いですね。

ところが友だちが一人増えるごとに、孤独と感じる日にちが2日減ります。親きょうだいといった親族と一緒に住んでいてもいなくても孤独感とは関係がありません。**自らの意思でつくる友だちの数**が関係しています。

そして、次に質。どのような友だちに囲まれて生きるか、です。クリスタキスらによれば、お互いが親友であると思う関係では、一方の体重が増えると、もう一方の体重も増えるリスクは3倍近くになるそうです。親友とは呼べない友だち関係でも2倍のリスクがあります。

私たちがどのような人たちとつながっているのかで、幸福度ばかりでなく、肥満度、飲酒度といったものにまで影響を与えるということです。良い影響と悪い影響の両方に対峙しなければなりません。

幸福のみならず、不幸も伝染します。

あなたにふさわしい友だちがいるはずです。友人は慎重に選びたいものです。

67

幸せを長持ちさせる方法を知る

幸福は元来、短命なものです。しかし、努力によって長持ちさせることは可能です。

では、どのようにして幸福を長引かせるのか？

最も普遍性があって実行可能な方法が、少なくとも2つあります。

1つ目は、**日々をリセットして、感謝して生きる**ことです。

内定をもらったり、プロジェクトに成功したり、チームリーダーに任命された当初は幸せだったかもしれません。ところが、その幸せ度は日々少なくなっていき、今では当然のようになっています。そして、不平不満すら出てきています。

でも一度リセットして考えてみてください。

いったんゼロに戻せば、プラスになった自分に対して感謝することができ、幸せだと実感できるはずです。

２つ目は、**幸せの種を蒔いて幸福を目指す**という生き方です。

種を蒔かないで何もせずに守りの人生だったら、平穏に何ごとも起こらずに1日が過ぎていくことを願うことになります。守りの姿勢は、不幸にならない生き方をしているにすぎません。

具体的には、どうするかというと、本書で繰り返し述べているように、**目的を設定し成功を求めていく**ことです。それが、幸せを継続させるという意味でたいへん有効です。

成功による幸福とは、人生がステップアップしたということです。つまり、そこから新たに次の選択肢が生まれる、ということです。

次の目的に向かって幸せを追い求めることが可能となるのです。

68

人のために自己犠牲を払う

私たちは利己的な動物です。利己的に生きるからこそ世の中がうまくまわるという場面と、利己的だから問題が起きるという場面があります。

会社という組織のなかでは、自己犠牲が必要となる場面もしばしばあり、そのようなときにどれだけ自己犠牲を払えるかによって、自分の「懐の大きさ」「器の大きさ」がわかります。そして、ワンランク上の社会人を目指す人には、**お互いのため、全体のために自己犠牲を払う、その器の大きさを見せることが求められます。**

世の中（全体）のためには、何が最善なのかを考え、たとえ利他的な行動によって自分が失うものがあったとしても、甘んじて受ける覚悟を持ちましょう。

たとえば、さまざまな非公式の社内行事や交流の機会が会社にはあり、そこには、必ず幹事役が必要になってきますが、みんなやりたがりません。たいへんな割に報われないからです。同様に、誰の仕事でもないけれど、誰かがしなければならない仕事。やったからといって、業務上の評価の対象にはならない仕事。そのような仕事が会社には結構あります。だから、たいていの人はやりたがりません。そうした「人が嫌がる仕事をする」というのも自己犠牲のひとつの形です。

みんなのためにいやな仕事をいやがらずにできるのか、笑顔で「はい」と言って行動できるのか、ここがワンランク上の社会人とそうではない人との違いです。

自己犠牲を選ぶと、あなたは短期的な損を被ります。しかし、長期的には大きな財産として戻ってくることでしょう。

なぜなら、利己的に行動してしまう多くの人は、声に出しては言いませんが（自分が利己的だとは公に認めたくありません）、自己犠牲を払える人を尊敬するからです。

このような正しい人間として尊敬される側にいくことが重要です。

最後に伝えたいこと

私たちが住む地球は、太陽系、さらに銀河系のなかにあり、宇宙と呼ばれるところにあります。

この宇宙は今から約１３８億年前にビッグバンという大きな爆発によって誕生しました。ビッグバンは限りなく小さい核が爆発したとのことなのですが、だったら、そのビッグバンの周りには何があるの？　と思いますよね。

近年の説得力ある仮説によると、ビッグバンは無数に起こっているということらしいです。宇宙はひとつではなくて、同じようなビッグバンによってできた別の宇宙が無数に存在するということです。

宇宙同士が膨張しているわけですから、私たちがいる宇宙は、いずれは別の宇宙と衝突します。

でも心配ありません、そんなことが起こるのはずっと先ですから。その前に、隕石が地球に衝突して、6500万年前に恐竜が絶滅したときと同じように、人類も絶滅してしまうことでしょう。

私たちの宇宙には、銀河系と同じような構造を持つものが約4000億個。私たちが住む銀河系は、おおよそ130億年前に生まれ、46億年前に地球が誕生しています。地球上に生命らしきものが誕生したのはおおよそ40億年前、無性生殖から枝分かれしてオスとメスによる有性生殖となったのが約9億年前です。

人間はホモサピエンスという動物ですが、私たちホモサピエンスが地球上に誕生したのは約20万年前のアフリカです。

20万年前から現在までに、この地球上で生きた人数をフェルミ推定すると、約1000億人になります。ほんの数秒で亡くなった赤ちゃんもいれば、フランスのジャンヌ・カルマンさんのように122歳まで生きた世界歴代最高齢の女性もいます。

18世紀初頭では6億人、19世紀初頭では10億人、20世紀初頭では17億人と爆発的に人口増加し、現在ではなんと75億人以上の人々が地球上に暮らしています。

今まで生きた1000億人のうち7%あまりの人たちが現在この地球に生きていることになります（医療の発達ってすごいです）。

1000億分の1があなたです。

限りなく大きい宇宙、そのなかで限りなく大きい銀河系、そのなかの太陽系に属する地球で、せいぜい90年くらいしか生きられないのが、人間です。

そんなちっぽけな人間の一人ひとりが私たちです。

そんなちっぽけな私たちが小さいことを考えていたら、ほんと、小さすぎて悲しくなりませんか。


ですから、「でっかい」ことを考えましょう。

「でっかい」ことを成し遂げましょう。


少なくとも大きな夢を抱いて、夢に向かって人生を送りたいものです。小さくまとまって平凡な人生を送るより、大きく非凡な人生を送るほうが素敵ではありませんか？

この本を読み終えたあなたなら可能です。ぜひチャレンジしてみてください。

あとがき

本書の目的は、人生の生き方を学ぶ、です。要するに、向上心のあるあなたが、いかにしてできるビジネスパーソンとなり、会社や社会で成功を収め、自らの選んだ人生を納得して生きられるかがテーマです。

小学校から大学まで、人生を考える、恋愛を学ぶという教科はありませんでした。不思議ですね。この世で最も重要な人生や恋愛についてひとつも科目が設定されていないのですから。したがって、人生では試行錯誤の繰り返しです。人生の生き方にも、恋愛のしかたにも一定の法則があって、その2つを事前に知っていたら、あなたの人生や恋愛の可能性が格段に広がるのではないかと思って、本書を書きはじめました。この本のきっかけとなった森川ゼミにおける講義でも、それを強調しています。

私は、2000年から現在まで早稲田大学という私立大学の教員をしていますが、実はそれまでは仕事を10回近く転々としました。今から40年以上も前になりますが、大学時代は数多くのアルバイトを経験しました。家庭教師、喫茶店のウェイター、市場調査員、工事現場の日雇いなどをして、大学の授業料と生活費は自分で稼いでいました。

大学4年生になるとそれなりの就職活動をし、内定を勝ち取り、就職した経験がありま す。1979年から3年あまり、外資系銀行員として東京有楽町にあるビジネス街の一角で働いていました。ですから、金融業界における新人の不安や期待や失敗は経験しました。また大手の総合商社に在籍していたこともあり、輸出入業を垣間見たこともあります。1980年代の後半からは、3つの国連専門機関で国連職員として合計10年くらい働いたり、外務省の出先機関である国連代表部には嘱託として2年間。アメリカの州立大学で政治学を教えたりしたときもありましたので、国際公務員、国家公務員、地方公務員と3つのレベルでの実務経験があります。大学教授としては変わった経験をしているはずです。

本書に書いた入社後1～3年目までの経験を、私は仕事や国や地位が変わる度に何度もやってきたことになるのですが、結局、経験するパターンは同じ。最初の1年目はダチョウのように頑張るけれど、ミスばかりして「なんてたいへんな仕事なんだろう」と落ち込むものの、次第にそこから立ち直り、仕事に慣れてルーティン化して、やっと周りが見えてくるといった感じです。

さらに本書には私の経験だけでなく、現在一流企業で活躍する森川ゼミOB・OGを総動員して、「ビジネスパーソンとして必要なスキルは何か」といった質問等にできるだけ詳しく回答してもらい、「入社後1〜3年の実態」を調査した結果もふんだんに盛り込みました。

また、2014年3月に、大学に入学したての学生用に『大学4年間で絶対やっておくべきこと』（中経の文庫）という本を出しました。この本ではおもに新入生や大学2年生に対して、就職活動までの人生をどのように送り、どのように恋愛を選択すべきかについて書きましたが、本書は内定を勝ち取ってから社会人3年目ぐらいまでの20代のビジネスパーソンを対象に書いていますので、その続編と言えるかもしれません。

私たちの可能性は無限です。でもその無限のなかで、どちらの方向に向かえばよいのか戸惑ってしまうのが20代という時期と言えるかもしれません。

戸惑って何もしないと、年齢だけが過ぎ去っていき、いつのまにか無限から有限になり、挙句の果ては、選択肢がひとつしか残されていなかったということになってしまうことも往々にしてあります。大人になるということは人生の選択肢が減っていく、人生が追いつめられていくということでもあります。「したいこと」と「できること」のギャップが増えていき、次第に自分の限界が見えてくるものです。

しかし、その事実を知っておけば、意思決定という考え方の大切さ、選択肢を増やす意義、目標を定めて達成することの重要性を認識できるはずです。このようなメカニズムを理解して、あなたの人生をより良いものにしてもらえたら、私の最大の喜びです。

人生は一度しかないのですから、死ぬ間際に「自分の人生、最高だった」と言えるような人生にしてもらえたらと願っています。

本書を執筆するにあたって、たくさんの人に助けられました。まずは、歴代の森川ゼミ生です。この本を書きはじめる前に元ゼミ生に会社員としての実務や悩みに関してアンケート調査を実施したところ、大多数が快く引き受けてくれました。この本はゼミ生の協力の賜物です。とくに塩野紘聖さん、原太平さん、中島慎一郎さん、藤田麻花さんにはフォローアップもさせていただき感謝いたしております。

ディスカヴァー・トゥエンティワン社の干場弓子社長および編集の林拓馬さん、大山聡子さんには、今回もたいへんお世話になりました。はじめてお会いしてから10年近くになろうとしていますが、ずっと感謝しております。

本書は小社から２０１５年に出版された『一流企業で続々活躍、早稲田超人気・森川ゼミの20代で10倍差をつけるエリート養成講座』を再編集・改題したものです。

一流企業で続々活躍、早稲田超人気・森川ゼミの
入社3年目までに絶対に知っておきたいこと

発行日　2018年　4月15日　第1刷

Author	森川友義
Book Designer	遠藤陽一（DESIGN WORKSHOP JIN,Inc.）
Publication	株式会社ディスカヴァー・トゥエンティワン 〒102-0093　東京都千代田区平河町2-16-1　平河町森タワー11F TEL　03-3237-8321（代表） FAX　03-3237-8323 http://www.d21.co.jp
Publisher	干場弓子
Editor	干場弓子＋林拓馬

Marketing Group

Staff　小田孝文　井筒浩　千葉潤子　飯田智樹　佐藤昌幸　谷口奈緒美　古矢薫　蛯原昇　安永智洋　鍋田匠伴　榊原僚　佐竹祐哉　廣内悠理　梅本翔太　田中姫菜　橋本莉奈　川島理　庄司知世　谷中卓　小木曽礼丈　越野志絵良　佐々木玲奈　高橋雛乃

Productive Group

Staff　藤田浩芳　千葉正幸　原典宏　林秀樹　三谷祐一　大山聡子　大竹朝子　堀部直人　塔下太朗　松石悠　木下智尋　渡辺基志

E-Business Group

Staff　松原史与志　中澤泰宏　西川なつか　伊東佑真　牧野類

Global & Public Relations Group

Staff　郭迪　田中亜紀　杉田彰子　倉田華　李瑋玲　連苑如

Operations & Accounting Group

Staff　山中麻吏　小関勝則　奥田千晶　小田木もも　池田望　福永友紀

Assistant Staff　俵敬子　町田加奈子　丸山香織　小林里美　井澤徳子　藤井多穂子　藤井かおり　葛目美枝子　伊藤香　常徳すみ　鈴木洋子　内山典子　石橋佐知子　伊藤由美　小川弘代　畑野衣見　森祐斗

Proofreader	株式会社鷗来堂
DTP	株式会社RUHIA
Printing	共同印刷株式会社

ISBN978-4-7993-2256-7